Eltern sind echt ätzend

W0088072

Für Tania

Helga Gürtler

Eltern sind echt ätzend

So helfen Sie Ihren Kindern
in der Pubertät

- Verständnisbarrieren überwinden
- Begleiten statt erziehen
- Lenken ohne zu bevormunden

MiDENA

Die Autorin:
Helga Gürtler ist Diplom-Psychologin und Mutter von drei
erwachsenen Kindern; sie lebt und arbeitet in Berlin. Seit vielen
Jahren beschäftigt sie sich mit Psychotherapie und Erziehungs-
beratung. In zahlreichen Rundfunksendungen und Zeitungs-
artikeln hat sie ihre Kompetenz unter Beweis gestellt. Zu ihren
erfolgreichsten Büchern zählen: »Kinderärger – Elternsorgen«,
»Schule – Ernst des Lebens?«, »Kinder brauchen feste Regeln«.

Die Deutsche Bibliothek – CIP-Einheitsaufnahme

Gürtler, Helga:
Eltern sind echt ätzend : so helfen Sie Ihren Kindern in der
Pubertät ; Verständnisbarrieren überwinden, begleiten statt
erziehen, lenken ohne zu bevormunden / Helga Gürtler. –
Augsburg : Midena, 1997
  ISBN 3-310-00229-2

Midena Verlag, Augsburg
© 1997 Weltbild Verlag GmbH, Augsburg
Alle Rechte vorbehalten
Redaktion: Franz Leipold
Zeichnung: Klaus Dursch, Fürth
Umschlaggestaltung: Steinkaemper/Lohmann, Igling
Umschlagfoto: TCL/Bavaria
Satz: Gesetzt aus der 10/14 P. Stone Serif von satz-studio gmbh,
    Bäumenheim
Druck und Bindung: Presse-Druck, Augsburg

Printed in Germany

ISBN 3-310-00229-2

Inhalt

Einführung

Dieses Buch ist gedacht für Eltern von Kindern zwischen 11 und 17 Jahren. Das ist das Alter, in dem sie aus der Kindheit herauswachsen, sich auf den Weg machen, erwachsen zu werden – das Alter zwischen Baum und Borke sozusagen. »Du bist doch kein Kind mehr!« und »Damit warte mal, bis du erwachsen bist!« sind besonders häufig gebrauchte Elternsprüche für dieses Alter.

Dabei ist es nicht einfach, gleichzeitig über Elf- und Siebzehnjährige zu reden. Die Unterschiede sind ja doch beträchtlich. Wir werden da ein bißchen hin- und herspringen müssen, mal eher die Jüngeren, mal die Älteren im Blick haben.

Aber die Zuordnung ist auch nicht nur eine Frage des Alters. Unter elfjährigen Mädchen zum Beispiel gibt es reine Kinder – spillerig, flachbrüstig und verspielt. Und andere, die schon von ihren sich rundenden Körperformen genötigt werden, sich als werdende Frauen zu sehen und sich damit auseinanderzusetzen.

Mädchen sind Jungen 2 Jahre in der Entwicklung voraus.

Jungen hinken in ihrer Entwicklung um etwa zwei Jahre hinterher. Kein Wunder, daß Mädchen in dem Alter die gleichaltrigen Jungen oft »zu kindisch« finden.

Zwölfjährige sind gegenüber Erwachsenen meistens sehr kritisch, oft rigoros und unnachsichtig. Sie lassen sich nicht mehr so einfach erziehen. Und Vierzehn-, Sechzehn-, Siebzehnjährige schon gar nicht. Wenn wir ihnen nicht mit Achtung und Feinfühligkeit begegnen, kann der gute Draht, den wir vielleicht vorher noch zu ihnen hatten, leicht reißen. Dann geht nichts mehr. Oder es geht genau in die unseren Wünschen und Vorstellungen entgegengesetzte Richtung, aus reinem Protest gegen die elterliche Bevormundung.

Wir können auch spätestens jetzt nicht mehr die Kinder nach unserem Bilde formen, weil sie sich das nicht mehr gefallen lassen, weil sie ihre Sicht der Dinge neben unsere stellen und erwarten, daß wir sie ernst nehmen. Wenn wir als Eltern nicht einfach entlassen werden wollen, ist es jetzt dringend an der Zeit, das eigene Verständnis von Erziehung, unsere Art des Umgehens mit unseren heranwachsenden Kindern, kritisch zu überprüfen.

Im Teenageralter muß das Erziehen immer mehr hinter dem Begleiten zurücktreten. Wir können diskutieren, raten, streiten – erzwingen können wir nichts. Mit »erzieherischen Maßnahmen« ist da nichts mehr zu machen.

Bei Teenagern sind »erzieherische Maßnahmen« nicht mehr angebracht.

Wenn wir unsere Kinder als Gesprächspartner ernst nehmen wollen, müssen wir sie zunächst einmal verstehen. Das ist in diesen Jahren nicht immer einfach. Sie wissen ja oft selbst nicht, was und wohin sie wollen, sind sich manchmal selbst nicht grün.

Was geschieht eigentlich in der Pubertät? Wie entwickelt sich der Körper, was bedeutet das für die Psyche? Was verunsichert junge Leute, und warum ist das so?

Mehr als eine grobe Skizze kann das freilich nicht sein. Denn ein Kind ist nicht wie das andere. Jeder Mensch ist eine ganz eigenständige Persönlichkeit, und jedes Elternpaar oder jede(r) Alleinerziehende muß einen eigenen Weg finden, mit diesem einen speziellen Menschen umzugehen.

Wenn ich einen jungen Menschen beim Erwachsenwerden begleiten und unterstützen will, muß ich ihm aufmerksam zuhören, darf seine Sicht der Dinge nicht gleich mit meiner zuschütten. Ich muß eine Atmosphäre des Vertrauens schaffen, in der sich nicht einer vom anderen angegriffen oder mißverstanden fühlt.

Wie kann man miteinander umgehen, so daß einer den anderen versteht und akzeptiert, einer auf den anderen hört? Wie lassen sich gegenseitige Kränkungen und Trotzreaktionen, wie läßt sich das resignierende Verstummen zwischen Eltern und Kindern vermeiden?

Schaffen Sie Vertrauen!

Damit will ich nicht behaupten, daß eine verständnisvolle Begleitung, die all das beherzigt, automatisch ein konfliktfreies Zusammenleben mit Kindern und Jugendlichen garantiert. Es wird immer unterschiedliche Ansichten geben, und die dürfen und müssen geäußert werden. Es wird immer Auseinandersetzungen geben. Die bedürfen demokratischer Spielregeln, die eingeübt und eingehalten werden müssen. Auch Eltern haben schließlich Rechte. Aber man kann bei Meinungsverschiedenheiten Lösungen finden, ohne daß einer Macht ausübt, der andere zähneknirschend oder resignierend klein beigibt. Die Kinder nicht, die Eltern aber auch nicht.

Und es darf gestritten werden, auch laut und heftig. Aber selbst fürs Streiten gibt es Regeln, die man nicht übertreten darf, damit nicht einer dem anderen schwere Kränkungen zufügt. Auch Streiten will gelernt sein, dann kann es fruchtbar und befreiend wirken.

Selbst ein Streit kann fruchtbar sein, wenn die Regeln eingehalten werden.

Junge Leute müssen rebellisch sein. Sie müssen sich loslösen aus unserem Dunstkreis, müssen eigene Wege suchen, neue Wege probieren, auch solche, die uns vielleicht als Irrwege erscheinen. Und gerade ihre Eltern, auf deren Zuneigung und Loyalität sie vertrauen, benutzen sie da manches Mal als Punchingball für das Unabhängigkeitstraining. Oft meinen sie es nicht so, wie es bei uns ankommt.

Sehen Sie noch gar keine Schwierigkeiten? Vielleicht entwickelt sich bei Ihnen alles ohne nennenswerte Konflikte. Kein Streit um abgeschnittene Hosenbeine oder nächtliche Logierbesuche, keine Schimpfkanonaden oder Aussteigerpläne. Dann starren Sie nicht auf all die Probleme, die da angeblich auftauchen können, wie das Kaninchen auf die Schlange. Vielleicht kommt das dicke Ende ja noch, vielleicht aber auch nicht. Die meisten Jugendlichen wachsen noch immer ziemlich problemlos ins Erwachsenenalter hinein. Bei vielen Familien aber geht es für ein paar Jahre kopfüber, und das bringt viel Ärger und Kummer für alle Betroffenen.

Wenn man mittendrin steckt in Auseinandersetzungen um Klamotten und laute Musik, um Telefonrechnungen und abendliches Ausbleiben, dann versinkt man leicht in Wut oder Panik – alles danebengegangen, alles hoffnungslos. Mit einigem Abstand aber, wenn die renitenten Sprößlinge erwachsen geworden sind, kann man oft gemeinsam über diese Kapriolen lachen.

Dieses Buch soll besonders Ihnen, die Sie gerade mittendrin stecken, so ein Stück kritischen Abstand ermöglichen. Es soll Ihnen zeigen, daß das, was da manchmal abläuft, nicht Anzeichen Ihres persönlichen Versagens ist, daß viele die gleichen Erfahrungen machen. Das tröstet und entlastet ein bißchen. Vor allem aber soll es Ihnen die Zuversicht geben: Es geht vorbei!

Keine Sorge: Viele Eltern machen die gleichen Erfahrungen.

1 KAPITEL

Jahre zwischen Baum und Borke

Vielleicht haben Sie dieses Buch zur Hand genommen, weil Sie Ihre Tochter (oder Ihren Sohn) in letzter Zeit nicht wiedererkennen. Noch im vorigen Jahr war sie freundlich, ruhig und pflegeleicht. Jetzt ist sie häufig mufflig, sagt auf Vorschläge grundsätzlich erst einmal »nein« oder hat grad keine Lust. Sie hat keinen Bock mehr auf die gemeinsamen Unternehmungen am Wochenende, ist lieber mit Freunden zusammen.

Die Pubertät ist eine Zeit heftiger Veränderungen.

Was ihre Eltern sagen oder tun, findet sie auf einmal »spießig«. Manchmal macht sie sich so zurecht, daß Sie sich vor den Nachbarn genieren; jedenfalls will sie nicht mehr tragen, was Sie hübsch finden.

Mal ist sie liebes kleines Mädchen mit großem Bedürfnis nach Streicheleinheiten, dann wieder garstige kleine Ziege, die darunter leidet, unmögliche Eltern zu haben. Und dabei empfindsam wie eine Mimose.

Dieses Kind mag elf, zwölf, dreizehn oder vierzehn Jahre alt sein. Die individuellen Unterschiede sind sehr groß. Die Erscheinungen mögen so sein oder noch ein bißchen anders. Sie zeigen Ihnen: Ihr Kind kommt in die Pubertät. Das ist eine Zeit mehr oder weniger heftiger Veränderungen.

Pubertät – der Körper verändert sich

Als erstes denkt man bei diesem Begriff an die körperlichen Veränderungen. Und die meint er auch in erster Linie. Die psychischen Veränderungen dieser Jahre werden vielfach auch als Reifezeit oder – mit einem Fachausdruck – als Adoleszenz bezeichnet.

Der Körper wandelt sich im Laufe der nächsten Jahre von dem eines Kindes zu dem einer jungen Frau, eines jungen Mannes.

Wie verändert sich der Körper des Kindes?

Hier eine kurze Skizze der zu erwartenden körperlichen Veränderungen:

- Bei Mädchen zwischen 9 und 13 wachsen meist als erstes Brüste und Schamhaar, bei Jungen Hoden und Schamhaar mit etwa 11 bis 12 Jahren.
- Die übrige Körperbehaarung folgt bei beiden ein bis zwei Jahre später.
- Mädchen ab etwa 9 Jahren, Jungen ab circa 11 Jahren schießen oft gewaltig in die Höhe. Besonders schnell wachsen Arme und Beine, auch Hände, Füße, Nase, Ohren.
- Mädchen haben die erste Menstruation zwischen 10 und 15, Jungen den ersten Samenerguß etwa mit 12 bis 14 Jahren.
- In den Stimmbruch kommen Jungen zwischen 14 und 15 Jahren.

Ursachen körperlicher Veränderungen

Diese körperlichen Veränderungen sind nicht zwangsläufig eng mit den psychischen verbunden. Heftige Stimmungsschwankungen zum Beispiel können von den Veränderungen im Hormonhaushalt verursacht werden, können aber auch ihre Ursachen in der starken Verunsicherung haben, durch die diese Zeit gekennzeichnet ist.

Die körperlichen Veränderungen sind oft der Anlaß, daß die Kinder sich mit ihrem äußeren Erscheinungsbild und dessen Wirkung auf die anderen auseinandersetzen. Sie finden sich auf einmal zu dick oder zu dünn, den Mädchen ist der sprießende Busen peinlich, den Jungen der wachsende Penis. Sie müssen sich erst daran gewöhnen. Viele fangen in dem Alter an, die Badezimmertür abzuschließen, wollen sich im Schwimmbad nicht mehr vor allen ausziehen. Sie wissen nicht recht, wohin mit den langen, schlenkrigen Armen und Beinen. Sie finden sich häßlich, weil sie eine so große Nase haben oder Pubertätspickel.

Die sich ankündigende Geschlechtsreife zwingt sie, sich auch mit ihrer künftigen Rolle als Frau oder als Mann auseinanderzusetzen. Dabei spielen aber noch viel mehr Einflüsse eine Rolle als nur der sich wandelnde Körper.

Alte sind spießig, Junge sind geil

Das Kind beginnt, sich psychisch aus der abhängigen Identität als Sohn oder Tochter seiner Eltern zu lösen. Es macht sich auf die Suche nach einer eigenen, unabhängigen Identität. Am Ende dieser Entwicklung ist Ihre Tochter nicht mehr »die Kleine von Webers«, sondern »Iris Weber, die in der Bücherei arbeitet«.

Für jüngere Kinder sind die Eltern meistens die Größten. Sie übernehmen deren Ansichten, sehen auch ihre eigene Zukunft aus dem Blickwinkel, den die Eltern vorgeben. Mit elf, zwölf, dreizehn Jahren aber suchen sie mehr und mehr Orientierungen auch außerhalb. Sie fangen an, sich zum Beispiel für ökologische Fragen, für die Zerstörung des Regenwaldes oder gesunde Ernährung zu interessieren, und stellen vielleicht empört fest, daß ihre Eltern auf dem Gebiet völlig unterbelichtet sind. Oder sie entdecken, daß Erwachsene, insbesondere Eltern oder Politiker, sich an die moralischen Maximen, die sie verkünden, oft selbst nicht halten. Und das kreiden sie denen gewaltig an.

> Die Kinder orientieren sich nicht länger ausschließlich an den Eltern.

Ihre kritischen Ansichten über die Alten tauschen sie aus unter Gleichaltrigen, von ihnen fühlen sie sich akzeptiert und verstanden, oft mehr als von den Eltern.

Es ist leichter, ein sich zaghaft entwickelndes, ein noch verschwommenes Bild von sich selbst zu erkennen und zu gestalten, wenn es sich von einem scharf konturierten, kontrastfarbigen Hintergrund abheben kann. Und dieser kontrastfarbige Hintergrund – das sind wir, die Alten. Je kritischer sie uns sehen, je unmöglicher sie unsere Ansichten, unsere Vorlieben, unsere ganze Art zu leben finden, desto leichter fällt es ihnen, herauszufinden, was sie für sich selbst denn eigentlich anders machen möchten.

Zum Beispiel das »Outfit«

Die Art, sich zu kleiden und zurechtzumachen, symbolisiert dieses Bemühen, sich abzusetzen. Die Streubreite des Möglichen ist erheblich, nur wie eins darf man nicht aussehen: Wie »Mamas Liebling«. Es genügt, einem Mädchen im »kritischen Alter« zu sagen, in diesem Kleid sehe sie aber nett aus, daß sie den Fummel nie wieder anzieht. Kleidung wird von jungen Leuten oft extra so ausgewählt, daß sie Alte schockiert, damit beweist man schon kritische

> Häufig wollen Jugendliche mit ihrer Kleiderwahl Erwachsene schockieren.

Distanz und Eigenständigkeit. Hosen mit Löchern, Pullover mit abgetrennten einzelnen Ärmeln, knappste Kleidchen zu monumentalen Botten – das provoziert und fällt auf. Wir Alten schütteln vielleicht mit dem Kopf. Aber auch Sie und ich hätten das zu unserer Zeit wahrscheinlich schick gefunden und angezogen, weil es Erwachsene so schön aufregt. Es ist jedenfalls anders!

Schwarzer Schmuddellook, Sicherheitsnadeln und verfilzte Haare sind sicher bei vielen auch ein Protest gegen unsere so bunt lackierte, so ungemein wohlanständige und behäbige Welt, die das, was nicht in Ordnung ist, und Menschen, die ins schöne Bild nicht passen, einfach wegdrängt und nicht sehen will.

Beachten Sie

Eins müssen Sie zugeben: Es gehört Mut dazu, mit lila Tolle und Ringen in Ohr und Nase erhobenen Hauptes durch Spaliere mißbilligend blickender »Spießer« zu schreiten. Anpassen ist leichter.

Aber auffallendes Outfit soll nicht nur abgrenzen. Es verbindet auch mit denen, die das gleiche tragen – die gleichen Turnschuhe oder Stiefel, Jeans und Sweatshirt der gängigen Marke. Seht her Leute, ich gehöre dazu. Seht her, ich bin ein Punker, ein Popper, ein Ichweißnichtwas. Deren Weltsicht, deren Lebensstil finde ich gut, das gebe ich hiermit kund.

Geben Sie Ihrem Kind Zeit, einen eigenen Stil zu entwickeln.

Sich in dieser Weise über das Äußere mit einer ganzen Gruppe zu identifizieren ist zunächst einfacher, als für sich allein eine Identität, eine Lebensphilosophie zu entwickeln. Die Zeit der Individualisten, die ihren ganz und gar eigenen Stil in Boutiquen oder auf Flohmärkten suchen, die kommt dann ein paar Jahre später. Die braucht ein Selbstwertgefühl, das durch diese sichere Zugehörigkeit zu einer Gruppe schon etwas aufgepäppelt ist.

Das **Outfit Ihres Kindes** wird in den ersten Jahren wahrscheinlich so wechselhaft sein wie seine Ansichten. Es ist eben noch auf der Suche. Viel Farbe im Gesicht oder gar keine, dicke schwarze Augenränder, schwarzer oder grüner Lippenstift und Nagellack, grüne Haare, Rastalook oder überhaupt keine Frisur – manches muß man erst eine Weile ausprobieren, um erkennen zu können, ob es zu einem paßt. Dagegen ist doch nichts zu sagen.

Eine Sprache, die nicht jeder versteht

Mit der Sprache ist es das gleiche wie mit dem Aussehen. Haben Sie sich an das Wort »geil« inzwischen gewöhnt? Einige Jahre lang konnte man die Alten damit ganz schön schocken. Wenn es irgendwann alle gebrauchen, werden die Jungen es wahrscheinlich ablegen und etwas Neues finden.

Ansonsten ist Jugendsprache wie gute Hausmannskost – derb, kräftig, würzig, wenn auch nicht sehr differenziert und variationsreich. Haben Sie immer Appetit auf edle Küche?

Jugendsprache dient der Verständigung unter Gleichaltrigen.

Jugendsprache enthält immer wieder neue Begriffe, die die Alten nicht verstehen und billigen, die aber unter Gleichaltrigen eine schnelle und problemlose Verständigung ermöglichen – echt stark, ey!

Und diese Musik...

Die Musik, die junge Leute mögen, ist Ausdruck ihres Lebensgefühls. Wild und zornig oder (in unseren Ohren!) unerträglich schnulzig. Aber es ist ja auch nicht unsere Musik. Wir hatten auch unsere Schnulzen oder Protestrhythmen, die wiederum unseren Eltern nicht paßten.

Aber wahrscheinlich würden wir das auch noch leichter

ertragen, wenn es uns nicht oft in einer Lautstärke präsentiert würde, daß einem fast die Ohren abfallen. Das ist akustischer Terror! So empfinden wir das, weil uns die Musik nicht gefällt. Stellen Sie sich vor, Sie hörten in gleicher Lautstärke Ihre Lieblingsmusik – ein furioses klassisches Crescendo oder einen scharfen Rock 'n' Roll – na?

Es ist leichter, sich in ein Lebensgefühl hineinfallen zu lassen, wenn die Lautstärke, die es vermitteln soll, alles andere übertönt, alle störenden Gedanken gleichsam aus dem Gehirn fetzt. Wenn die Musik den ganzen Körper hineinreißt in den Rhythmus, in dem er mitschwingt. Das ist zweifellos eine Form des Aussteigens – einfach nicht da sein! Beobachten Sie mal einen jungen Mann, der Ihnen mit scheppernden Kopfhörern in der Straßenbahn gegenübersitzt. Er ist einfach nicht da!

Ob junge Leute häufiger als ältere das Bedürfnis zum Aussteigen haben, weil sie sich da, wo sie sind, nicht recht wohl fühlen, weil sie zu viele Probleme haben, vor denen sie davonlaufen möchten?

Beachten Sie

> Laute Musik und wildes Tanzen sind aber auch eine Form von Ekstase. Solche ekstatischen Erlebnisse suchen Menschen seit je. Früher hatten sie ihren Platz in religiösen Ritualen. Wo haben sie heute einen Platz?

Das **Aussehen**, die **Sprache**, die Vorliebe für sehr **laute Musik** sind nur drei Beispiele dafür, wie heranwachsende Kinder sich abzusetzen versuchen gegen das, was die Vorlieben, den Lebensstil, die Kultur der Elterngeneration symbolisiert. Sie brauchen die Eltern zwar noch, aber bitte nur als stille Reserve im Hintergrund. Traute Eintracht mit Mami oder Papi, deren Begleitung oder gar der Austausch von Zärtlichkeiten sind ihnen vor den Kumpels oft peinlich. Deshalb machen sie in der Öffentlichkeit schon mal abfällige Bemerkungen über uns, auch wenn sie uns vielleicht selbst gebeten haben, mitzukommen: »Meine Alte – sie wollte nicht glauben, daß ich auch allein zurechtkomme!«

Bei den Eltern wiederum steigt in diesem Alter die Beunruhigung, Sohn oder Tochter könnten in Schwierigkeiten geraten. Wir würden uns gern mehr einmischen oder nur einfach dabei sein. Aber wir tun gut daran, uns eher im Hintergrund zu halten, da aber zuverlässig präsent zu sein und Kränkungen nicht so krumm zu nehmen.

Halten Sie sich lieber im Hintergrund.

Zu sich selbst finden

Eine der wichtigsten Entwicklungsaufgaben für Kinder in der Pubertät ist die Klärung der Frage:

Wie bin ich eigentlich? Und wie möchte ich sein?

Da ist zum Beispiel das Verhältnis zum eigenen Körper, der sich in diesen Jahren recht augenfällig verändert und damit die Betroffenen zwingt, auch ihr Bild von sich selbst zu verändern.

Wie wirke ich eigentlich auf andere, wie möchte ich wirken? Will ich meine sich rundenden Körperformen stolz herzeigen oder lieber unter viel Stoff verstecken? Möchte ich, daß Jungen hinter mir her pfeifen, daß Mädchen mich bewundern? Oder ist mir das eher unangenehm? Kann ich mich sehen lassen oder lieber nicht?

Erwachsene finden die Selbstzweifel junger Leute oft eher komisch, denen aber ist es bitter ernst! Sie grämen sich, daß sie Beine haben wie ein Storch, einen zu großen oder zu kleinen Popo, einen zu schmächtigen Oberkörper, daß sie zu dick oder zu dünn sind. Jungen fangen vielleicht an,

Nehmen Sie die Selbstzweifel Ihres Kindes immer ernst.

sich im Fitneßcenter zu kasteien, Mädchen setzen sich auf Diät, manche werden sogar magersüchtig. Jungen wie Mädchen grämen sich über fettige Haare und Pickel im Gesicht, die immer genau dann auftauchen, wenn man sie am wenigsten gebrauchen kann.

Beachten Sie

> Alle haben ein Ideal für ihr Aussehen im Kopf, dem viele in der Realität nicht entsprechen können.

Dieses Ideal wird ihnen von der Reklame nahegelegt – spack oder rundlich, zart oder muskelbepackt, knackig braun oder vornehm blaß. Und dafür, wie »man« auszusehen hat, was »man« trägt, was »in« oder was »out« ist, dafür sind sie in der Pubertät ganz besonders empfänglich.

Was für das Äußere gilt, das gilt auch für das **Verhalten**. So auszusehen, so zu sein wie viele andere auch, das macht die ersten Schritte in die Unabhängigkeit von den Wertungen der Alten, macht das Entwickeln einer eigenen Identität leichter. Nicht die eine, die unverwechselbare Persönlichkeit zu sein, ist das Ziel der ersten Pubertätsjahre, sondern das Einssein mit einer Gruppe Gleicher, Gleichgesinnter, unter denen man sich in seiner Verunsicherung aufgehoben fühlen kann.

Die Zeit der Idole

Auf der Suche nach dem »Wer bin ich« brauchen junge Menschen nicht nur Gleichgesinnte, sondern auch **Vorbilder**. Denn es ist zunächst einmal schwer, eigene Verhaltensnormen und Lebensziele abstrakt, ohne anschauliche Beispiele zu entwickeln. Gefühlsbetont oder »kopflastig«, anschmiegsam oder kumpelhaft, zupackend oder zurückhaltend – wie will ich eigentlich sein, und wie nicht?

Da ist es zunächst viel einfacher, sich ein Idol zu suchen, einen Menschen aus Fleisch und Blut. So wie der oder die, so will ich sein – so will ich mich kleiden, mich ausdrücken, mich verhalten. So stelle ich mir die Frau meines Lebens, den Mann meines Lebens vor, für sie, für ihn möchte ich mich verzehren.

Das ist dann die große Zeit des Schwärmens, für Schauspieler, Sängerinnen, Fußballstars, und die Zeit der Fanclubs. Erst nach und nach, wenn verschiedene Schwärme, verschiedene Idole einander abgelöst und sich irgendwann doch immer als enttäuschend erwiesen haben, kann der oder die inzwischen fast Erwachsene einen ganz eigenen, ganz individuellen Lebensentwurf finden – »Ich bin ich, so bin ich und so möchte ich bleiben«.

Das Schwärmen für bestimmte Idole ist in der Pubertät besonders ausgeprägt.

Und wie lange dauert das?

Noch nie ist die Pubertät, ist die Zeit zwischen Baum und Borke so lang gewesen wie heute. Die körperlichen Veränderungen, die im allgemeinen diese Zeit einläuten, treten immer früher auf.

Es wird Ihnen auffallen, daß Ihr Sohn, Ihre Tochter oder deren Klassenkameraden die körperlichen Reifemerkmale ein oder zwei Jahre eher bekommen als das zu Ihrer Jugendzeit Norm war. Im Vergleich zu den Großeltern ist der Unterschied noch größer. Das geht schon seit etwa 100 Jahren so. Die Pubertät beginnt immer früher.

Die Pubertät beginnt heute immer früher.

Aber wann endet sie? Das läßt sich nun überhaupt nicht mehr an körperlichen Merkmalen festmachen. Erwachsen ist man, wenn einem die Erwachsenen bestätigen, daß man jetzt erwachsen ist. Wenn man mit der Berufsausbildung fertig ist, seinen Lebensunterhalt selbst verdient, eine eigene Familie hat. Und das passiert von einer Generation zur anderen immer später.

21

Beachten Sie

Die Schulzeit und die Ausbildungen werden immer komplizierter und langwieriger. Es wird für einen jungen Menschen immer schwerer, einen angemessenen Platz im Arbeitsleben zu finden. Viele sind dreißig, bis ihnen das gelingt. Und auch mit der eigenen Familie lassen sie sich Zeit, bis sie sich selbst zurechtgefunden und auch ein bißchen ausgetobt haben.

Unterm Strich aber heißt das: Viele Jahre lang bleiben junge Leute heute in diesem Zwischenstadium – nicht mehr Kind, aber auch noch nicht ganz erwachsen. Viele haben keine eigene Wohnung, weil Wohnungen so knapp und teuer sind. Sie brauchen noch Unterhalt von den Eltern, lassen sich auch gern noch von Muttern beköstigen und die Wäsche waschen.

Manchmal gibt es Konflikte, weil die jungen Leute mehr Eigenständigkeit fordern, sich mehr Selbständigkeit zutrauen, als die Alten ihnen zugestehen wollen. Manchmal verharren sie aber auch ganz gern in diesem Zustand der reduzierten Verantwortlichkeit, weil es ihnen recht kompliziert erscheint, sich um alles selbst kümmern zu müssen.

Im Beruf sind sie Lehrlinge, Gesellen, Assistenten. An richtige Verantwortung läßt man sie auch dort lange nicht heran. Die Grundstimmung, die jungen Menschen aus der Arbeitswelt entgegenschlägt, ist heute nicht: »Mach, daß du fertig wirst, wir brauchen dich!«, sondern: »Ob du fertig wirst oder nicht, wir brauchen dich nicht, wir kommen ohne dich zu recht.« Das wirkt sich aus auf die Stimmung jedes Einzelnen, auf sein Selbstwertgefühl, seine Tatkraft, seinen Optimismus.

Veränderungen in der Arbeitswelt wirken sich auch auf die Entwicklung aus.

Können Sie nachempfinden, wie schwer es ist, in dieser Atmosphäre erwachsen zu werden, seinen eigenen Weg zu finden, ein solides Selbstbewußtsein zu entwickeln?

Wir müssen deshalb so manches, was wir der »heutigen Jugend« übel ankreiden, auf unsere eigene Kappe nehmen. Denn wir Eltern sind Teil der Gesellschaft, die es den Jungen so schwer macht, erwachsen zu werden.

Nicht in allen Kulturen gleich

Wenn Sie aus einem anderen Kulturkreis stammen, wird Ihnen vielleicht manches, was ich hier beschreibe, sonderbar vorkommen, weil es in Ihrem Herkunftsland anders ist.

> Die Kultur, in der ein junger Mensch aufwächst, bestimmt nicht nur, wie lange dieser Zustand des Heranwachsens dauert. Auch was man von jungen Leuten wann erwartet, was sie wann dürfen, wie sie sich benehmen sollen, wird durch kulturelle Traditionen bestimmt. Die Religion spielt dabei eine wesentliche Rolle.

Die Rolle von Kultur und Religion

Wie aufmüpfig darf ein Jugendlicher sein? Was darf er sich im Umgang mit Erwachsenen herausnehmen? Was gilt als schicklich oder als unschicklich, besonders in sexuellen Dingen?

Die Antworten darauf werden in Indien, in den USA, in der Türkei ganz unterschiedlich ausfallen. Das ist ein sehr interessantes Gebiet, trotzdem kann ich nicht genauer darauf eingehen.

Wichtig ist mir hier besonders dies:
Junge Menschen, die in einer anderen Kultur aufwachsen als der ihrer Eltern, geraten hier ein zweites Mal zwischen Baum und Borke. Sie möchten so sein und so leben wie ihre deutschen Kumpel. Denn so sein wie die anderen, das ist in dem Alter eben ganz besonders wichtig. Besonders, wenn sie »ausländisch« aussehen, wird ihnen das von den

Einheimischen nicht immer leicht gemacht. Und auf der anderen Seite fühlen sie sich nach wie vor verwurzelt in den Traditionen der Eltern. Wonach sollen sie sich richten? Welche Identität ist ihnen wichtiger?

Unterschiedliche kulturelle Traditionen haben meistens mehrere Seiten – angenehme Vorzüge ebenso wie unerwünschte Kehrseiten. Es ist kurzsichtig, das andere, das Fremde gleich als schlecht und verwerflich, als beängstigend und bedrohlich anzusehen.

Tip

- Erleichtern Sie Ihrem Kind die Existenz zwischen den Kulturen, indem Sie diese Vor- und Nachteile der eigenen und der anderen Kultur unvoreingenommen gegeneinanderhalten. Suchen Sie Gespräche mit anderen Eltern.
- Versuchen Sie auch nicht, Ihr Kind ganz auf die eigene Tradition festzulegen. Sie vertiefen damit nur den Graben, verstärken die Konflikte, riskieren einen radikalen Bruch.
- Reden Sie, vergleichen Sie, kritisieren Sie. Helfen Sie Ihrem Kind, einen eigenen Standpunkt zwischen diesen Kulturen zu finden. Es kann nicht der gleiche sein wie Ihrer, denn seine Ausgangsbedingungen sind andere.

Ich will doch nur dein Bestes!

Da stehen wir nun mit einem Menschenkind, unserem Kind, das anscheinend aus dem Ruder läuft, das zumindest hier und da unseren Vorstellungen von nett, anständig, wohlgeraten und vorzeigbar nicht mehr entspricht, nicht entsprechen will und kann – was nun?

- Haben wir es falsch erzogen?
- Wie müssen wir es jetzt erziehen?
- Was ist überhaupt richtig und falsch?

Ich denke, das ist der geeignete Zeitpunkt für eine pädagogische Bestandsaufnahme – über Erziehung von Kindern im allgemeinen und von Kindern in der Pubertät im besonderen.

- Was erwarten wir eigentlich – von uns, von unseren Kindern?
- Was verstehen wir unter Erziehung?
- Muß sie sich verändern im Laufe der kindlichen Entwicklung?

Fragen Sie sich selbst

Da sind also zunächst einmal Sie, die Eltern. Eine – nehme ich mal an – ganz normale Mutter, ein ganz normaler Vater. Beide oder auch nur eine(r) davon.

Was erwarten Sie von sich selbst, wie möchten Sie gern sein?

Sind Sie gute Eltern?

Die meisten stellen sich das ungefähr so vor:

- Gute Eltern sind langmütig, geduldig, feinfühlig und tolerant – immer!

- Gute Eltern lieben ihre Kinder – immer und unverbrüchlich. Ganz gleich, ob die ihnen gerade ihr Blumenbeet zertrampelt, seit drei Tagen die Schule geschwänzt, sie im Zorn als »blöde Kuh« bezeichnet oder einem windigen Freund den Wohnungsschlüssel überlassen haben.

- Gute Eltern sind nicht selbstsüchtig. Sie sind immer für ihre Kinder da – auch nachts, wenn sie hundemüde sind, die Kinder aber dringend ein Problemgespräch führen möchten. Sie verschieben auch gern Verabredungen oder berufliche Verpflichtungen der Kinder wegen. Sie haben immer als erstes das Wohl der Kinder im Kopf, fühlen sich für deren Wohlergehen uneingeschränkt verantwortlich.

- Gute Eltern machen in der Erziehung immer alles richtig. Sie überlegen sich gut, was sie tun wollen, oder lesen kluge Bücher darüber. Und dann verhalten sie sich so, wie es ihnen ihr kritischer Verstand oder der Elternratgeber nahelegt.

- Guten Eltern gedeihen gute Kinder. Sie entwickeln sich ganz nach den Wünschen der Eltern, hören auf deren Rat. Sie lieben und achten ihre Eltern – immer. Kinder, die sich danebenbenehmen, die Dummheiten oder Schlimmeres machen, sind ein Beweis für die mangelnde Qualität ihrer Eltern.

Glauben Sie das alles? Und, klappt es? Nein?

Schade! Sonst hätte ich in Ihnen das erste Exemplar einer idealen Mutter oder eines idealen Vaters gefunden. Aber ich bin davon überzeugt, daß diese Spezies sowieso nur im schlechten Gewissen all der normalen, normal guten Eltern existiert, zu denen offenbar auch Sie gehören.

Haben Sie oft ein schlechtes Gewissen, weil Sie gern sein möchten, wie Sie nicht sein können?

Glauben Sie, daß Sie sich deshalb für alles, was Ihre Kinder an negativen Eigenschaften an den Tag legen, schuldig fühlen und schämen müssen?

Aber Sie sind doch ein Mensch, und kein pädagogisches Lehrbuch!

Eltern sind auch nur Menschen!

Sie geben sich viel Mühe mit der Erziehung Ihres Kindes. Wenn das dann aufmüpfig wird oder Dinge tut, die Sie ganz und gar nicht gutheißen können, wenn es Ihnen vorwirft, was Sie alles falsch machen, dann tut das weh!

Manchmal, wenn es wieder mal Streit zwischen Ihnen gibt, werden Sie Ihr Früchtchen nicht ausstehen können, und manchmal wünschen Sie es wahrscheinlich auf den Mond.

Ihrem Kind geht es genau so. Allen anderen Menschen, die sehr eng zusammenleben, auch.

Sie sind nicht allmächtig und nicht allwissend. Sie können die Lebensumstände, unter denen Sie und Ihr Kind leben, unter denen Sie vielleicht auch manchmal leiden, nicht ohne weiteres ändern, auch wenn Sie sich darum bemühen. Sie haben eine Lebensgeschichte, die Ihren Charakter, Ihre Einstellungen geprägt hat. Selbst wenn Sie die immer wieder kritisch überprüfen, es wird Ihnen nicht immer gelingen, sich nach Einsichten auch zu richten. Gestatten Sie sich ruhig, eine normale Mutter, ein normaler

> Gestatten Sie sich ruhig, eine Mutter/ein Vater mit Fehlern zu sein.

Vater zu sein. Ein Mensch, der sich bemüht, aber nicht voll kommen ist.

Beachten Sie

> Hören Sie vor allem auf, sich für Ihre Kinder zu schämen.

Wenn Ihr Kind sich danebenbenimmt, heißt das noch nicht, daß Sie daran schuld sind. Auch wenn Sie Ihrem Sohn das leuchtendste Beispiel in Sachen Ehrlichkeit waren, es nicht an Belehrungen dazu haben fehlen lassen, kann er eines Tages beim »unredlichen Erwerb« im Supermarkt erwischt werden und Ihnen womöglich noch erklären, das habe was mit Mut zu tun.

Das ist sicher ein Grund, noch mal sehr ernsthaft mit ihm darüber zu reden; ein Grund, sich zu schämen, ist es nicht.

Ihre Kinder sind eigenständige Wesen, die ihr Aussehen und ihr Verhalten mehr und mehr selbst verantworten müssen.

Wenn Eltern sich für das Verhalten ihrer Kinder schämen, hat das auch Konsequenzen, die auf sie selbst zurückfallen. Was zu Hause so an Unerfreulichem abläuft, wird vor Außenstehenden möglichst verborgen. Der Nachbarin erzählt man höchstens von guten Noten auf dem Zeugnis oder vom fast allein renovierten Kinderzimmer. Und sie macht es genau so. Dabei wäre es so tröstlich, von ihr zu hören, daß ihre Tochter in der Schule zur Zeit auch so durchhängt oder auch schon mal im Warenhaus was hat mitgehen lassen.

Beschönigen Sie nichts – andere Eltern haben ähnliche Probleme wie Sie.

Auf Elternversammlungen in der Schule, im Gespräch mit der Lehrerin wird die häusliche Situation sorgfältig geschönt. Schwierigkeiten werden kleingeredet. Dabei kennen die anderen das Problem wahrscheinlich auch, und man könnte sich vielleicht gegenseitig stützen und helfen.

Aber so lange man sich für die Fehler der Kinder schämen muß...

Kinder sind nicht nur das Erziehungsprodukt ihrer Eltern

Das sind sie schon als Kleine nicht, und mit zunehmendem Alter immer weniger. Sie kommen nicht als unbeschriebenes Blatt auf die Welt; es ist nicht einzig unsere Aufgabe, dieses Blatt vollzuschreiben.

Kinder sind **eigenständige Persönlichkeiten** vom ersten Tage ihres Lebens an. Sie bringen ihre eigene Art mit, das Leben anzugehen, sind von lebhaftem Temperament oder eher »schwer entflammbar«, neigen zu Panikreaktionen oder haben ein kaum zu irritierendes sonniges Gemüt. Sie suchen sich aktiv ihre Erfahrungen. Aus der ständigen Auseinandersetzung mit der Umwelt, mit uns und unseren Eigenheiten formt sich ihre Persönlichkeit.

Akzeptieren Sie die Persönlichkeit Ihres Kindes.

Unsere Aufgabe ist deshalb nicht, sie nach unseren Vorstellungen zu prägen und zu (er)ziehen, sondern ihnen bei der Entfaltung ihrer eigenen Persönlichkeit zu helfen.

Beachten Sie

Kinder sind längst nicht so hilflos und abhängig, wie dies von Wissenschaftlern lange Zeit angenommen wurde. Schon das Baby macht seine Erfahrungen mit der Welt viel aktiver, als wir bislang glaubten. Es bevorzugt dies und meidet jenes, es sucht aktiv, was zu ihm paßt. Vom ersten Tage seines Lebens an erzieht es uns genauso, wie wir es erziehen.

Die moderne Videotechnik hat uns Beobachtungen ermöglicht, die für das bloße Auge bei normal schnellem

Ablauf viel zu flüchtig sind. Erst Zeitlupe und ständige Wiederholung machen sichtbar, wie hier Blicke und Gesten, Zu- und Abwendung des Babys das Verhalten der Mutter oder des Vaters dirigieren, damit die sich so verhalten, wie das Baby es gerade braucht.

Auch das Zwei-, Drei-, Vierjährige »weiß« oft besser, was ihm guttut, als wir ihm im allgemeinen zutrauen. Kleinkinder zum Beispiel, die man frei auswählen läßt, was und wieviel sie essen wollen, stellen zwar einzelne Mahlzeiten oft so einseitig zusammen, daß es einen Erwachsenen graust. Auf längere Sicht aber nehmen sie verblüffend genau das, was ihr Körper braucht.

Beachten Sie

In diesem wie in vielen anderen Fällen tun wir gut daran, unseren Kindern mehr Kompetenz zuzutrauen, ihnen von klein auf ein Mitspracherecht in ihren eigenen Angelegenheiten einzuräumen, damit sie diese Fähigkeit nicht verlieren, sondern weiter trainieren.

Schreibe ich ihnen vor, was und wieviel sie essen müssen, wann sie zu schlafen und was sie anzuziehen haben, dann entsteht aus solchen Selbstverständlichkeiten leicht ein Machtkampf. Wer essen muß, der mag es nicht mehr. Der lernt, daß er Vater oder Mutter ärgern kann, wenn er das Essen verweigert oder wieder ausspuckt. Wer Süßes nicht essen soll, nascht heimlich oft hemmungslos.

Mit zunehmendem Alter werden die anstehenden Fragen vielfältiger, das Mitredenlassen anstrengender. Denn nicht immer weiß ein Kind gleich, was es will, sondern muß es erst selbst herausfinden. Möchte die Achtjährige nun Klavierspielen lernen oder nicht? Ist das eine schnell verlöschende Flamme, oder wird sie die nötige Geduld aufbringen?

Es hat keinen Zweck, eine Achtjährige zum Klavierspielen zu überreden, wenn sie nicht selbst großes Interesse hat.

Was für Zwei- und Achtjährige gilt, gilt für Ältere erst recht. Nur, wenn Sie mit Ihrem Sechzehnjährigen ständig im Gespräch sind, können Sie ihm helfen herauszufinden, was ihn an der Schule so nervt, ob das eine vorübergehende Mißstimmung ist oder eine irreparable Abneigung, ob er sich eher für ein Handwerk eignet oder für einen Büroberuf, welches die Vor- und Nachteile der einen oder anderen Entscheidung sind. Sie können seinen Weg nicht für ihn suchen, sie können ihn nur dabei unterstützen, ihn selbst zu finden.

Ein Kind, das von klein auf daran gewöhnt ist, für seine Angelegenheiten mit verantwortlich zu sein, wächst viel leichter in die **Eigenverantwortlichkeit** des Erwachsenen hinein. Kinder dagegen, die (zu) lange abhängig gehalten werden, haben es oft nötiger, sich in der Pubertät dann mit viel Getöse und Hauruck aus dieser Abhängigkeit zu befreien. Dann gibt es leicht Überspitzungen, die Eltern wie Kindern weh tun.

> Fördern Sie die Eigenverantwortlichkeit Ihres Kindes.

Mit zunehmendem Alter muß Ihr Kind mehr und mehr die Verantwortung für das eigene Verhalten übernehmen. Und Sie müssen entsprechend zurücktreten, auch wenn es oft schwerfällt, auch wenn Sie noch so genau zu wissen glauben, daß das, was es da gerade tut, falsch ist.

> **Beispiele**

- Ihre Siebenjährige wird sich ihre Freundinnen selbst aussuchen, ob Ihnen dieser Umgang nun recht ist oder nicht. Es sind ihre Freundinnen.
- Ob und wie der Neunjährige seinen Schrank aufräumt, ist seine Sache, wenn er mit den Folgen seiner Ordnung oder Unordnung klarkommt. Es ist seine Ordnung.
- Wenn Ihr Fünfzehnjähriger sich zutraut, ohne jedes Wiederholen die nächste Klassenarbeit zu überstehen, muß er das selbst wissen. Es ist sein Risiko.

Möglicherweise regt sich jetzt Ihr Protest. Sie sind schließlich erwachsen, Sie haben Ihrem Kind eine Menge Erfahrung voraus, Sie wollen es vor Gefahren und Irrwegen bewahren.

Aber das sind Ihre Erfahrungen, nicht seine. Das ist das Fatale, daß man Erfahrungen anderer, selbst wenn sie nach wie vor und allgemein gültig sind, nicht so einfach von anderen übernehmen kann. Man muß sie selbst machen, um aus ihnen zu lernen.

Ihr Kind muß selbst seine Erfahrungen machen.

Außerdem sind nur wenige Erfahrungen über lange Zeit allgemein gültig. Ihre Erfahrungen müssen für Ihr Kind nicht stimmen. Ihre Erfahrungen prägen das, was Sie für Ihr Kind für gut und richtig halten. Ob es aber in seinem Falle wirklich das Beste ist, das können Sie nicht so ohne weiteres wissen – mit zunehmendem Alter des Kindes immer weniger.

Was ist das Beste für mein Kind?

Bei kleinen Kindern ist es noch vergleichsweise leicht, zu wissen, was das Beste für sie ist. Daß ein Baby sehr viel Nestwärme braucht, das gilt für alle gleichermaßen. Daß einem Zweijährigen im Trotzalter freundliche Beständigkeit zuträglicher ist als Strafen, auch. Ob es aber das beste ist, den Sechzehnjährigen, der keinen Bock mehr auf Schule hat, trotzdem zum Weitermachen zu drängen oder ihn lieber eine Berufsausbildung beginnen zu lassen, das ist nicht eindeutig zu entscheiden. Das kann vor allem nur im ständigen Gespräch und mit Beteiligung des Betroffenen entschieden werden.

Mütter und Väter glauben oft recht genau zu wissen, was **das Beste für ihre Kinder** ist, oder sie glauben zumindest, sie müßten es wissen. Dabei sind ihre Vorstellungen davon, wie ein erwachsen gewordener Mensch, ein Mann, eine Frau, zu sein hat, von ihrer eigenen Geschichte, ihrer eigenen Erziehung geprägt. Und auch von allgemein üblichen Vorstellungen, die allerdings von Zeit zu Zeit wechseln. Was als gut und normal galt in der Zeit, in der sie ihr Bild von sich selbst und von der Welt erarbeiteten, muß es heute, eine Generation später, nicht mehr sein.

Nehmen wir als Beispiel die Ansichten darüber, wie ein Junge/ein Mädchen sich verhalten sollte, damit er/sie ein richtiger Mann/eine richtige Frau wird. Diese Vorstellungen haben sich in den letzten Jahrzehnten sehr verändert. Heute wird hoffentlich niemand mehr ein Mädchen kritisieren, weil es wild, aktiv und aufmüpfig ist, oder einem Jungen das Weinen oder das Spielen mit Puppen vermiesen. Aber da, wo wir es nicht so direkt merken, sind diese alten Vorurteile doch noch ganz schön wirksam. Väter tun sich oft recht schwer, einen Jungen zu akzeptieren, der sich lieber verhauen läßt oder davonrennt als selbst zuzuschlagen.

> Allgemein gültige Ansichten wechseln oft von Generation zu Generation.

Zu viele Eltern empfehlen ihren Töchtern »typische Frauenberufe«, ohne lange, anspruchsvolle Ausbildung, wo sie Dinge lernen, die sie auch gebrauchen können, wenn sie später mal nicht berufstätig bleiben sollten. Und so manche kesse Emanze hört wohl noch den Spruch: »Mit dem Benehmen kriegst du nie einen Mann!«

Überprüfen Sie Ihre Einstellung

Spätestens wenn die Auseinandersetzungen mit den heranwachsenden Kindern losgehen über das, was gut und richtig ist, sollten wir Eltern unsere Einstellungen einer Inventur unterziehen:

- Wie bin ich eigentlich geworden, was ich bin?
- Was hat meine Vorstellungen zu diesem und jenem geprägt und genährt?
- Passen diese meine Vorstellungen noch zum Leben meiner Kinder?

Beachten Sie

> Manche Einstellung hat ihre Wurzeln in der ganz persönlichen Lebensgeschichte.

Da ist eine Mutter unter recht beengten wirtschaftlichen Verhältnissen aufgewachsen. Ihr Traum war immer, Klavierspielen zu lernen, Pianistin zu werden. Aber das kostete viel Geld und war indisktutabel. Ihre Eltern hatten auch wenig Verständnis dafür.

Ist sie deshalb jetzt so zornig, daß ihre Tochter den Klavierunterricht nicht ernst nimmt, am liebsten wieder aufhören möchte? Soll ihre Tochter Pianistin werden, weil sie es nicht werden durfte?

War die Anmeldung der Kleinen zum Klavierunterricht auch ein Stück späte Auseinandersetzung mit den eigenen Eltern: »Seht her, so verständnisvoll geht man mit den Wünschen der Kinder um!«?

Beachten Sie

> Manchmal verfolgen Eltern auch an ihren Kindern Verhaltensweisen, die ihnen selbst in ihrer Kindheit ausgetrieben wurden.

Ist zum Beispiel der Vater, der so penetrant auf Ordnung achtet, selbst als Kind oft wegen Unordentlichkeit bestraft worden? Kann er Herumliegendes deshalb nicht ertragen, weil da auch in ihm irgendwo noch der kleine Junge lauert, der gern ein bißchen herumferkeln würde? Muß er den jetzt, stellvertretend für seine Eltern, in seinem Sohn bekämpfen?

Oder es bleibt einer ein trotziger Schlamper, gerade weil ihn seine Eltern zu penetrant zur Ordentlichkeit erziehen wollten. Und jetzt reagiert er allergisch, wenn seine Frau die Kinder (und ihn) zu etwas mehr Ordentlichkeit anhalten möchte.

In einer anderen Familie ist vielleicht Ordnung nie ein wichtiges Thema, ist es auch in der Geschichte der Eltern nicht gewesen. Jedenfalls ist es schon interessant, die Schwerpunkte, die man in der Erziehung der Kinder setzt, auf solche persönlichen Anteile hin zu untersuchen.

Tip

> Eines läßt sich aber trotz all dieser Unsicherheit sagen: Das beste für Ihr Kind ist, wenn es in Ihnen einen ehrlichen, nicht überheblichen Partner hat, den es kritisieren darf, mit dem es sich streiten und auseinandersetzen kann.

Aber hat nicht erziehen auch mit ziehen zu tun – ziehen in eine bestimmte Richtung oder hinter einem her?

Was heißt denn eigentlich erziehen?

1. Regel

> Erziehen ist zunächst einmal Behüten.

Das Kind braucht seine Familie als sichere Basis, auf die es sich immer wieder zurückziehen kann, wenn es sich in seinem Forscherdrang eine blutige Nase geholt hat.

Sie müssen Ihr Kind behüten vor Gefahren, denen es ohne Sie nicht gewachsen ist.

Sie müssen es davor bewahren, Tollkirschen zu kosten, spontan in den Straßenverkehr zu rennen oder in der Schule überfordert zu werden.

Die eigentliche Kunst am Behüten aber ist das **Freilassen** in der genau richtigen Dosierung. Wenn ich Kinder zu sehr behüte, enge ich sie ein, hindere sie am Selbständigwerden.

Kinder, die in die Pubertät kommen, wollen nicht mehr behütet werden. Sie sind dagegen ausgesprochen allergisch. Und es bleibt auch nicht mehr viel, was wir in dieser Richtung tun können, wenn sie den nötigen Schutz nicht schon in sich selbst finden.

Wir können Jugendliche durch unser Veto davor bewahren, Verträge einzugehen, deren Tragweite sie nicht übersehen können. Es ist gut, daß sie dazu noch unsere Unterschrift brauchen.

Aber wir können sie zum Beispiel nicht davor bewahren, illegale Drogen, die ihnen angeboten werden, auszuprobieren. Fernhalten geht nicht mehr, Verbieten bewirkt eher das Gegenteil.

Wenn wir Glück haben, erzählen sie uns von ihrem ersten Joint, und wir können über ihre Erfahrungen und unsere Besorgnis mit ihnen reden.

2. Regel

> Erziehen heißt sicher manchmal auch verhindern und gegenhalten.

Ich kann verhindern, daß meine Dreijährige fernsieht. Denn eine Dreijährige kann noch nicht selbst entscheiden, ob ihr das Fernsehen zuträglich ist oder nicht. Oder ich kann möglichst oft ein so attraktives Kontrastprogramm anbieten, daß meine Tochter die Flimmerkiste vergißt.

Bei einer Zwölfjährigen, die nicht selbst einsieht, daß zu viel Fernsehen blöd macht, geht gar nichts. Wenn ich nur verbiete, wartet sie, bis ich weggehe oder guckt woanders. Es bleibt mir in dem Alter also nichts mehr von meiner elterlichen Macht, nur die ständige Auseinandersetzung, das ständige Ringen um Einsicht.

3. Regel

> Erziehen heißt vormachen.

In Erziehungsratgebern steht oft, Eltern müßten ihren Kindern Vorbild sein. Das riecht nach moralischem Zeigefinger und überhöhtem Anspruch. So ist es aber gar nicht gemeint. Es soll einfach heißen, daß Kinder sich mehr an dem orientieren, was wir ihnen vormachen, als an dem, was wir ihnen sagen.

Fragen Sie sich selbst

Deshalb lohnen sich immer auch selbstkritische Fragen:
- Welches Leitbild haben meine Kinder eigentlich an mir?
- Kann ich meinen Söhnen ein Modell für eine emanzipierte Frau sein, wenn ich mir von meinem Mann zu vieles ohne Widerspruch gefallen lasse?
- Können sie mir die Warnungen über die Gefahren des Rauchens glauben, wenn ich selbst qualme wie ein Schlot?

Von Kindern in der Pubertät wird einem das recht leicht gemacht. Mit feinem Gespür und unmißverständlichen Formulierungen legen sie oft ihre Finger genau auf die schlimmen Stellen. Sie erwischen uns vor allem auch dabei, wenn das, was wir sagen, und das, was wir selbst tun, nicht zusammenpaßt.

Anstatt auf solche Konfrontationen allergisch, wütend oder mit Ausflüchten zu reagieren, kann ich versuchen, mich zu verändern, mich selbst mehr an das zu halten, was ich predige. Wo mir das nicht gelingt, muß ich auch zu meinen Schwächen stehen, wenn ich glaubwürdig bleiben will.

Nutzen Sie Konfrontationen, um eigene Ansichten zu überprüfen.

So wird, und das ist eine große Chance, die Auseinandersetzung mit den Kindern auch eine Auseinandersetzung mit sich selbst, ein Jungbrunnen für die eigene Seele. Denn alt wird man erst, wenn man sich nicht mehr verändert.

4. Regel

> Erziehen bei älter werdenden Kindern ist in zuneh-
> mendem Maße nur noch Begleiten und Unterstützen.

Begleiten kann ich nur jemanden, der neben mir geht.
Wie es schon für den Umgang mit einem Zweijährigen rat-
sam ist, vor ihm in die Hocke zu gehen, damit wir die Welt
mit gleichen Augen und uns gegenseitig auf gleicher Höhe
sehen, so ist es für das Gespräch mit einem Zwölfjährigen
unabdingbar, von der Erwachsenen-Überheblichkeit zu
lassen, wenn ich sein Vertrauen behalten will.

Sie werden bei einem Zwölfjährigen, der drei Stunden
zu spät nach Hause kommt, nichts erreichen, wenn Sie
ihm eine Woche Stubenarrest verpassen. Erzählen Sie ihm
lieber von der Angst, die Sie ausgestanden haben, von all
den möglichen Gefahren, die Sie sich ausgemalt haben.
Das wird er wahrscheinlich übertrieben finden, aber warum sollte er Sie dem noch einmal aussetzen, wenn er Sie
gern hat und gar nicht ängstigen wollte?

Tip

> Je mehr Sie auf Respekt und Gehorsam pochen, desto
> weniger wird er Ihnen gezollt werden.
> Wenn Sie auf Demonstration von Macht und Über-
> legenheit verzichten, ist die Chance größer, daß Sie
> Vertrauen und Achtung Ihres Kindes behalten.

Im Umgang mit Heranwachsenden muß ich ertragen lernen, daß sich da eine ganz andere Sichtweise mit dem Anspruch auf Gleichberechtigung neben meine schiebt, daß
nicht immer ich es sein muß, die (oder der) recht hat.

Wenn ich zum Beispiel in der Zeitung lese, daß in der
Disco, die meine siebzehnjährige Tochter oft besucht, Dro-
gen kursieren, möchte ich, daß sie da nicht mehr hingeht.
Wenn sie mir aber erklärt, das sei alles maßlos übertrieben,

außerdem gebe es solche Angebote in fast jeder Disco und sie nehme das Zeug sowieso nicht, dann wird sie die Lage wohl besser einschätzen können als ich. Ob sie diese Disco doch in Zukunft lieber meiden sollte, müssen wir im gleichberechtigten Gespräch miteinander verhandeln. Ich kann beraten, kann von meiner Besorgnis reden, vielleicht auch beschwören und streiten, mehr nicht.

Beachten Sie

Ich muß auch lernen, Fehler zuzugeben, zu eigenen Schwächen zu stehen, wenn ich ein akzeptierter Gesprächspartner bleiben will. Ich kann meinem Sechzehnjährigen nur schwer seinen Rausch vom Vortag vorwerfen und gleichzeitig behaupten, mein eigener Alkoholkonsum sei etwas ganz anderes.

Wenn Jugendliche gegen zu viel elterliche Bevormundung opponieren, wenn sie uns kritisieren, uns zu beweisen versuchen, daß sie so manches inzwischen besser wissen, besser können als wir, mag das manchmal, besonders wenn es in dem üblichen ruppigen Ton daherkommt, ein Angriff auf unser Selbstwertgefühl sein. Es ist aber auch ein erfreuliches **Anzeichen zunehmender Autonomie**. Wie gesagt, es kann sein, daß sie recht haben!

5. Regel

Und schließlich muß Erziehen auch Vertrauen sein.

Vertrauen darauf, daß unser Sohn/unsere Tochter mehr und mehr in der Lage ist, seinen/ihren ganz persönlichen Weg zu finden, auch wenn der mit dem, was wir uns vorgestellt haben, nicht übereinstimmt. Sich bei dem, was man tut, vom Vertrauen der Alten getragen zu fühlen, das ist wie ein warmes Gefühl im Bauch, auch wenn man sich noch so rotzig und unabhängig gibt.

Allgemein gilt

Fassen wir noch einmal zusammen:

- Ideale Eltern gibt es nicht. Auch wir sind keine.
- Falls wir diesen Anspruch bisher noch mühsam aufrechterhalten konnten, zerfällt er jetzt durch die Aufmüpfigkeit und kritische Distanz unserer heranwachsenden Kinder.
- Kinder verzeihen den Eltern ihre Fehler um so eher, je weniger die auf Unfehlbarkeit pochen.
- Wir können Kinder nicht nach unserem Bilde prägen; wir können ihnen nur helfen, ihre eigene Persönlichkeit zu entwickeln.
- Wir können unsere Kinder nicht mehr erziehen, nur noch begleiten und unterstützen.
- Was das Beste für sie ist, können wir nicht wissen. Wir können nur versuchen, es mit ihnen gemeinsam herauszufinden.

Ein Beispiel

Kommen wir aber von diesem Ausflug ins Grundsätzliche zurück auf das unmittelbar und konkret Anwendbare: Da steht vor Ihnen Ihre fünfzehnjährige Tochter mit zerlöcherten Hosen und grünen Haaren.

Als erstes taucht in Ihnen die Frage auf: Was sollen bloß die Nachbarn denken?

Sagen Sie sich: Für das Aussehen meiner Tochter bin ich nicht verantwortlich. Es ist **ihr** Aussehen.

Fragen Sie sich aber auch: Schadet jemandem das Aussehen meines Kindes? Warum möchte sie so aussehen? Wem möchte sie damit gleichen oder imponieren? Wen möglicherweise schockieren? Warum stört es mich? Will ich mit meinem Kind einen guten Eindruck machen?

Sie dürfen ihr ruhig sagen, daß Sie ihr Aussehen scheußlich finden, sich sorgen um den Eindruck in der Nachbarschaft. Aber Ihre Angelegenheit ist es trotzdem nicht. Sollte Sie jemand darauf ansprechen, sagen Sie ruhig: »Mir gefällt es auch nicht. Aber sie findet es zur Zeit schön.«

Niemand sollte jedoch daran zweifeln, daß Sie Ihr Kind weiter liebhaben, so wie es ist – auch mit grünen Haaren!

Rühr mich nicht an!

Zwölf-, Dreizehn-, Vierzehnjährige machen manchmal den Eindruck, als könnten sie vor Kraft kaum laufen. Laut und angeberisch verschaffen sie sich Aufmerksamkeit, posaunen sie ihre Sicht der Dinge in die Öffentlichkeit. Aber sind sie wirklich so selbstsicher, wie sie scheinen?

Wie sich Selbstsicherheit entwickelt

Bestimmt haben Sie sich bemüht, in Ihrem Kind, solange es noch kleiner war, Selbstachtung und Selbstwertgefühl, die Quelle der Selbstsicherheit, zu fördern. Ein Kind lernt, sich selbst zu achten, wenn es in der Gewißheit aufwächst, daß es von anderen geliebt und geachtet wird.

Liebe und Achtung sind die Quelle der Selbstsicherheit.

Ob es viel oder wenig wert ist, auf welchem Gebiet es sich gut findet, auf welchem schlecht, das schließt es aus Lob und Kritik anderer, insbesondere seiner Eltern.

Beachten Sie

Ein großes Gewicht hat später auch die Schule. Lehrer können die Selbstsicherheit fördern oder behindern.

Kritik ist immer ein Angriff auf das Selbstwertgefühl. Natürlich läßt sie sich nicht immer vermeiden, aber sie läßt sich auf recht unterschiedliche Weise formulieren. So

Ein Beispiel

So kann eine Kritik mit einer Anerkennung verbunden werden. »Du schreibst ja sonst gute Aufsätze, aber dieser ist dir nicht so gelungen« – das läßt sich doch leichter ertragen als »Noch ein paar so miese Leistungen, und du kannst die Zwei in Deutsch vergessen«. Dabei ist die konkrete Aussage in beiden Fällen die gleiche.

Manche Pädagogen scheinen noch immer der Ansicht zu sein, wenn man Kindern nachdrücklich deutlich macht, wie schlecht ihre Leistungen sind, sporne sie das an, besser zu werden. Aber das war noch nie richtig. Wenn man einem Kind oft genug erklärt, es sei in irgendeiner Hinsicht schlecht, dann wird es schlecht bleiben oder werden. Es wird Hemmungen entwickeln und kann seine Möglichkeiten nicht ausschöpfen.

Ein Kind aber, das an sich glaubt, weil es erlebt, daß andere an seine Fähigkeiten glauben, das kann diese Fähigkeiten optimal entwickeln. Und wenn ihm Eltern und Lehrer dann noch viele Möglichkeiten schaffen, Dinge selbständig in Angriff zu nehmen, dann werden die Erfolge, die es dabei hat, sein Selbstwertgefühl, seine Zuversicht in die eigenen Möglichkeiten, weiter festigen.

Die Selbstsicherheit Ihres Kindes unterliegt in der Pubertät großen Schwankungen.

In der Pubertät allerdings kriegt bei vielen die Selbstsicherheit, mag sie vorher noch so verläßlich gefördert worden sein, plötzlich Risse. Auf einmal ist das alles nicht mehr so einfach. Selbstzweifel tauchen auf:

- Bin ich eigentlich so, wie die Eltern mich sehen oder haben wollen?
- Will ich so sein?
- Oder ganz anders?

Umgang mit einem unsicheren Selbstwertgefühl

Für einige Jahre werden Sie jedenfalls mit einem Kind umgehen, dessen Bild von sich selbst noch unscharf und starken Schwankungen unterworfen ist, dessen Selbstsicherheit bereits durch kleine Erschütterungen leicht aus dem Gleichgewicht geraten kann. Das macht den Umgang mit ihm oft recht schwierig. Mal strotzt das Kind vor Selbstüberschätzung, dann wieder wird es von Selbstzweifeln geplagt. Mal kann man sehr vernünftig mit ihm reden, ein anderes Mal nimmt es die harmloseste Bemerkung krumm.

Beachten Sie

Schon für den Umgang mit wesentlich gefestigteren Erwachsenen gilt, daß Gespräche dann besonders effektiv und für beide befriedigend verlaufen können, wenn keiner sich durch den anderen in seinem Selbstwertgefühl angegriffen fühlt.

Ein Beispiel

Zu einer Sachbearbeiterin kommt der Chef und fragt: »Ist das Angebot für die Firma X schon fertig?« Das ist eine ganz sachliche Frage, die die Frau mit einem einfachen Ja oder Nein beantworten kann, solange sie nicht vermuten muß, daß dahinter eine Kritik an ihrem Arbeitstempo steckt. Nun ist ihr aber in den letzten Tagen ungewöhnlich viel liegengeblieben. Sie fühlt sich überlastet, fürchtet aber, daß der Chef ihr das ankreidet. Deshalb antwortet sie statt mit Ja oder Nein recht emotional: »Ich hab auch nur zwei Hände, ich kann doch nicht hexen!«

In dem Moment, in dem das Selbstwertgefühl in Gefahr gerät, kann der Betroffene nicht mehr sachlich reagieren. Er läßt das Visier herunter und fängt an, sich mit typischen Abwehrmanövern zu verteidigen. Dabei ist nicht wichtig, ob der andere ihn wirklich angreifen wollte. Entscheidend ist, ob er sich angegriffen fühlt.

Der Chef, der seine Mitarbeiterin schätzt und auf die sachliche Gesprächsebene zurück möchte, muß jetzt erst einmal das gestörte Selbstwertgefühl der Sachbearbeiterin beruhigen. »Ich weiß«, kann er sagen, »es ist ja auch besonders viel zu tun in den letzten Tagen.«

Sobald die Frau erkennt, daß ihr Chef sie nicht angreifen wollte, kann das Gespräch auf der sachlichen Ebene weitergehen. Sie können gemeinsam überlegen, bis wann das Angebot fertig sein wird.

Ganz besonders gilt das für Jugendliche, die sich eigentlich unentwegt angegriffen fühlen. Gar zu leicht erleben sie selbst sachlich gemeinte Bemerkungen als verletzende Kritik.

Der Lehrer, der den Stil im Aufsatz einer Schülerin bemängelt, fängt sich leicht die patzige Antwort ein:« Das ist eben mein Stil, muß Ihnen ja nicht gefallen!«

Oder die Mutter, die eine Bemerkung über zu intensive Bemalung im Gesicht ihrer Tochter macht, kriegt zu hören: »Du bist ja bloß neidisch, daß du nicht mehr so gut aussiehst.«

Nicht so...

In einem solchen Fall können Sie nun ebenfalls gekränkt reagieren. Wie kommt diese dumme Göre dazu, Ihnen so etwas an den Kopf zu werfen, wo Sie nichts weiter als eine höfliche Kritik geäußert haben! Vielleicht trifft die rüde Bemerkung ja auch eine schlimme Stelle in Ihrem Selbstwertgefühl. Und so geben Sie im gleichen Kaliber zurück, denn auf einen groben Klotz gehört ein grober Keil, denken Sie jedenfalls in dem Moment. »Du siehst aus wie ein wandelnder Tuschkasten, ich würde mich schämen, so auf die Straße zu gehen!«

Argumentieren Sie nicht emotional.

Auf diesem Weg wird aus einer Bemerkung, die Einsicht wecken sollte, leicht ein Wortgefecht mit schweren, verletzenden Geschützen. Beide Partner kämpfen mit heruntergelassenem Visier, lassen nichts mehr an sich heran, geben nur noch zurück.

Sicher tun Eltern, die so reagieren, das mit einer gewissen Berechtigung. Auch sie möchten nicht so unvermittelt angegriffen werden. Und sie möchten ihrem Kind beibringen, daß es so mit anderen nicht umspringen darf. Nur klug ist es nicht. Denn auch diese Botschaft wird im Eifer des Gefechtes verlorengehen.

...sondern so

Wir, die Gefestigteren, Selbstsicheren, müssen gewissermaßen ein Heilklima für angegriffenes Selbstwertgefühl schaffen, müssen Zugeständnisse und Vorgaben machen, auch wenn uns das oft schwerfällt, auch wenn uns dafür oft nicht unmittelbar mit gleichem Verhalten gedankt wird.

Formulieren Sie Ihre Kritik sachlich.

Wie also hätten Sie sich anders verhalten können?

Gehen wir mal noch einen Schritt weiter zurück als im ersten Beispiel. Sie wollten ja, im Gegensatz zu dem Chef, wirklich eine Kritik anmelden. In welcher Formulierung hat sie wohl noch die größten Chancen, auf sachlicher Ebene Gehör zu finden, ohne eine Verteidigungshaltung zu provozieren?

»Sag mal, willst du zum Karneval?«

Vermeiden Sie Ironie

Diese Bemerkung soll vielleicht witzig klingen und das Kritische abmildern. Aber sie ist ironisch, und darauf reagieren Menschen mit schwachem Selbstwertgefühl wie auf ein rotes Tuch. Eine pampige Antwort oder eine zugeknallte Tür ist Ihnen gewiß.

45

Verzichten Sie auf Pauschalurteile

> »Du siehst unmöglich aus!«

Diese Bemerkung kritisiert nicht nur eine bestimmte Eigenheit, sondern recht pauschal und im einzelnen nicht nachvollziehbar den ganzen Kerl. Das muß jemanden kränken, der sich gerade mit viel Mühe hergerichtet hat.

Also bitte konkreter:

Hüten Sie sich vor Übertreibung

> »Du siehst aus, als hättest du Blut geleckt«.

Finden Sie? Ihre Tochter findet das nicht, und das werden Sie gleich zu hören kriegen. Ist ja auch wirklich so. Es gibt viele Frauen, die ihre Lippen blutrot schminken und damit recht gut aussehen. Sie finden doch nur, daß das zu dem zarten, jungen Gesicht Ihrer Tochter nicht paßt. Außerdem ist es für Sie noch sehr ungewohnt, Ihr Kind wie eine Frau zurechtgemacht zu sehen. Und Sie meinen, daß das ihrem Alter nicht entspricht und auch auf andere Menschen befremdlich wirken wird.

Dann sagen Sie es doch so!

Tip

> Sagen Sie vor allem auch nicht »Du siehst aus...«, »Du bist...«, sondern »Ich finde, daß...«.
> Das erscheint Ihnen vielleicht wie Wortkosmetik, ist es aber nicht.

Alle Bemerkungen, die mit »Du bist...« oder gar »Du bist ein...« beginnen, setzen die Kritik unmittelbar beim anderen an, hängen ihm etwas an, lassen keine kritische

Distanz zwischen den Gesprächspartnern zu. Das Urteil ist fertig, basta. Solche Bemerkungen rücken dem Selbstwertgefühl des anderen sehr nahe und werden deshalb leicht als Angriff erlebt.

»Ich finde, daß...« setzt bei der eigenen Meinung an. Es berichtet über eigene Gedanken, Eindrücke, Empfindungen und stellt dem anderen frei, sich dem anzuschließen oder eine andere Meinung danebenzusetzen. Sätze mit »Ich finde...«, »Ich denke...« laden zum Dialog, zur Auseinandersetzung ein – »...und was denkst du?«

Aber nehmen wir an, eine noch so vorsichtig gewählte Bemerkung hat Ihre Tochter trotzdem zu einer patzigen Antwort provoziert. Sie hat sich angegriffen gefühlt, obwohl Sie sie nicht angreifen wollten. Obwohl Sie ärgerlich sind, möchten Sie es auf ein Wortgefecht mit heruntergeklapptem Visier nicht ankommen lassen. Also müssen Sie, wie der Chef im ersten Beispiel, das gereizte Selbstwertgefühl Ihrer Tochter erst ein bißchen streicheln und wieder aufbauen.

»Entschuldige, ich wollte dich nicht kränken. Mir gefällst du nur ohne so viel Farbe besser.«

Wenn Sie allerdings zu ärgerlich sind und diese Selbstbeherrschung nicht aufbringen, brechen Sie das Gespräch jetzt lieber ab. Das ist sicher besser als sich auf den verletzenden Stil einzulassen. Wenn Ihrer Tochter an Ihrer Meinung liegt, und meistens ist das ja doch so, wird sie sich nächstens bemühen, weniger ruppig zu reagieren, und eher einlenken.

Versuchen Sie eine Atmosphäre zu schaffen, die Ihrem Kind zeigt:

- Ich mag dich.
- Ich halte dich grundsätzlich für einen wertvollen und liebenswerten Menschen, auch wenn ich einzelne deiner Verhaltensweisen kritisiere.
- Ich interessiere mich für das, was du denkst und sagst. Es ist mir wichtig, deine Meinungen zu hören, auch wenn ich sie manchmal nicht teilen kann.
- Ich will versuchen, die Dinge mit deinen Augen zu sehen, um dich zu verstehen.
- Ich versuche, dein Recht auf Selbstbestimmung zu respektieren, auch wenn mir das manchmal schwerfällt, weil ich dich beschützen möchte.

Um in unserem Bild zu bleiben:

- Du kannst dein Visier offenlassen. Ich möchte dich gern ansehen, ich will dich nicht verletzen.

Ein Heilklima muß frei sein von schädigenden Einflüssen

Wenn wir ein Unsicherheit heilendes Klima erzeugen wollen, müssen wir einige besonders schädigende Einflüsse bewußt vermeiden. Auch die gelten nicht nur, aber besonders für den Umgang mit Jugendlichen.

Tip

Achten Sie lieber auf positive Ansätze, als auf negativen ständig herumzuhacken.

Ein Beispiel

Nehmen wir an, Ihr Sohn hat in einem Anfall von Ordnungsliebe zwei Haufen aus Kleidungsstücken, Prospekten, Spielkram und Fahrradteilen vom Fußboden seines Zimmers wegsortiert. Nur der dritte unter dem Fenster, der liegt noch da.

Nun können Sie das betrachten wie das berühmte Glas Wasser, das entweder halb voll oder halb leer ist. Sie können sich darüber freuen, daß zwei Haufen weg sind, daß dabei sogar Ihre Schere wieder aufgetaucht ist, die Sie schon so lange vermißten. Sie können aber auch sagen: »Und warum liegt der Haufen unter dem Fenster immer noch da? Nie kannst du was wirklich zu Ende bringen!«

Bei welcher Reaktion wird wohl die Wahrscheinlichkeit größer sein, daß der dritte Stapel in absehbarer Zeit auch noch verschwindet?

Und selbst wenn er noch ewig dort liegenbleibt – Ihr Sohn hat bei seiner Aktion die Erfahrung gemacht, daß es sich mit sortierten Klamotten besser lebt, daß Dinge wieder auftauchen, die verschwunden waren. Das zählt!

So formulieren Sie Ihre Kritik am besten

- Verallgemeinern Sie nicht.
  Je allgemeiner Sie formulieren, desto eher wird die Bemerkung als Angriff empfunden.

- Kritisieren Sie nie die ganze Person, sondern immer nur einzelne Verhaltensweisen.

- Streichen Sie Etikettierungen wie »Trödelliese«, »Schlamphuhn«, »Modepuppe«, »Faulpelz« oder gar »Versager« aus Ihrem Wortschatz.

- Bleiben Sie bei einzelnen konkret nachvollziehbaren Punkten.
  Also nicht: »Wie hast du dich bloß wieder zurechtgemacht!«, sondern: »Ich finde, der Pulli paßt überhaupt nicht zu der Hose.«
  Sagen Sie nicht: »Du kommst ständig zu spät«, sondern: »Das ist in dieser Woche das zweite Mal, daß du zu spät kommst.«
  Nicht: »Immer mußt du das letzte Wort haben«, sondern: »Laß mich bitte ausreden.«

Vermeiden Sie
Verallgemeine-
rungen und
Titulierungen.

Solche Verallgemeinerungen haben zusätzlich den verhängnisvollen Effekt, sich wie eine »self fulfilling pro-
phecy« auszuwirken, wie eine Voraussage, die sich selbst
erfüllt. Mit Zusammenziehungen wie »immer wieder«,
»ständig«, »andauernd«, und erst recht mit Titulierungen
wie »Du bist ein...« legen Sie ein noch suchendes Menschenkind auf bestimmte Verhaltensweisen gewissermaßen fest, ignorieren dazwischen andere, die sicher auch
vorhanden sind. Die angebliche Trödelliese kann ja
manchmal auch recht flott sein. Sie trödelt ja nicht immer.
Wenn Sie sie aber oft genug so nennen, wird sie dieses Etikett womöglich in ihr Selbstbild aufnehmen.

— Greifen Sie das Bild von sich selbst, mit dem ein junger
Mensch gerade experimentiert, nicht direkt an.
Denn gerade an dieser Stelle wird er besonders empfindlich sein. Sagen Sie Ihrer Tochter, die ihre sich rundenden Formen in Ihrer Meinung nach gar zu enge
und auffällige Kleidung zwängt, nicht, sie sehe aus »wie
eine Nutte«. Oder Ihrem Sohn, Sie fänden den Kult um
seine Oberarmmuskeln lächerlich. »Mir gefällt es
nicht«, das können Sie schon sagen, aber Ihnen soll es
ja wahrscheinlich auch nicht gefallen.

— Seien Sie vor allem niemals überheblich oder ironisch.
Ironie kehrt immer eine gewisse Distanz und kritische
Überlegenheit heraus. Und dagegen sind wenig selbst-
bewußte Menschen immer besonders empfindlich.
»Komm du erst mal in unser Alter«, ist eine völlig un-
qualifizierte Bemerkung. Ihr Kind kann nichts dagegen
tun, daß es viel jünger und weniger erfahren ist. Ihr
Verdienst ist es allerdings auch nicht.

Wenn Ihr Sohn stundenlang darüber sinniert, ob er seine
Angebetete nun vom Bus abholen soll oder nicht, wenn
Ihre Tochter wegen eines Pickels auf der Nase die Welt zu-
sammenstürzen sieht, lassen Sie nicht durchscheinen, un-

sereiner wäre froh, wenn er mal wieder so kleine Probleme hätte. Mit fünfzehn hätten Sie das auch anders gesehen!

- Und grinsen Sie nicht, wenn Ihre Tochter Ihnen ihre Ideen für eine gerechtere Verteilung des Reichtums in der Welt entwickelt. Daß sie sich damit beschäftigt, ist erfreulich. Und Karl Marx hat sein »Kapital« auch nicht mit vierzehn geschrieben.

Beachten Sie

Überheblichkeit und Ironie sind der sicherste Weg, Kinder resignieren und verstummen zu lassen. Warum soll man den Alten noch was erzählen, wenn sie es doch nicht begreifen wollen?

Was also im Verhalten Jugendlicher wie maßlose Selbstüberschätzung und freche Anmaßung daherkommt, ist oft typisches Merkmal erlebter Schwäche. Das ständig bohrende Minderwertigkeitsgefühl kann nur durch ein Verhalten übertönt werden, das überzogen selbstsicher daherkommt.

Reagieren Eltern darauf mit Druck und Tadel, machen sie ihrem Kind seine Unterlegenheit erst recht bewußt, dann muß es sich noch mehr aufblasen, um das wieder auszugleichen.

Dagegen hilft nur, die positiven Seiten eines jungen Menschen mehr zu beachten und zu fördern, mehr Anerkennung zu zeigen als Kritik und Tadel. Das ist allerdings verflixt schwer, wenn man sich immer wieder angegriffen fühlt und ärgerlich ist.

Fördern Sie die positiven Seiten Ihres Kindes.

Denken Sie daran, wenn Ihre Tochter/Ihr Sohn gerade mal wieder besonders großmäulig angibt. Womöglich singt hier jemand im dunklen Keller, womöglich wird hier mühsam aufgeblasen, was eigentlich klein und verletzlich ist.

KAPITEL 4

Keiner versteht mich

Dieser Satz könnte als Leitmotiv über den Pubertätsjahren manches Jugendlichen stehen. Insbesondere Mädchen hocken oft kreuzunglücklich in ihrer Bude – keinen Bock auf garnix, über Kreuz mit den Alten, den Kumpels, überhaupt der ganzen Welt. Alle wollen ihnen übel, alle stehen quasi Schlange, um ihnen auf die Füße zu treten. In dieser Stimmung sind sie dann recht unerfreuliche Zeitgenossen – für sich selbst und für andere.

Ein Beispiel

Dieser Satz könnte aber auch der Stoßseufzer einer Mutter sein, die sich in dem Bemühen, es allen recht zu machen, wieder mal zwischen sämtliche Stühle gesetzt hat. Gerade hat sie versucht, im Streit zwischen Vater und Tochter zu vermitteln – wollte die rüde Ausdrucksweise der Tochter etwas abfedern, wollte erreichen, daß der Vater mehr Verständnis für die Wünsche der Tochter hat. Ihr Mann nimmt das übel. Jetzt hat sie die dicke Luft zu ertragen.

Und? Dankt es ihr die Tochter? Könnte sie nicht mal freiwillig ihre Hilfe beim Renovieren anbieten? Ausgeflogen ist sie – auf und davon mit diesem windigen jungen Mann, den die Mutter so wenig mag. Auf den wirklich vorsichtig formulierten Vorwurf setzte sie noch eine patzige Bemerkung. Egoistisch und undankbar ist sie. Gleich wird ihr Mann triumphieren: »Da siehst du, was du von deiner Gutmütigkeit hast!«

Die Tochter wiederum findet, daß die Parteinahme der Mutter zu halbherzig war. Letztlich hacken ja doch beide Eltern ständig auf ihr herum. Mutter tut zwar oft so verständnisvoll, aber wenn es darauf ankommt, kneift sie. Auch die Tochter fühlt sich gründlich mißverstanden.

Mißverstanden fühlt sich aber auch der Vater. Hat er sich nicht immer sehr um seine Tochter bemüht? Müssen die Frauensleute ihn jetzt als eifersüchtigen Pascha hinstellen? Warum muß seine Frau ihm ständig in den Rücken fallen? Ihre Parteinahme für die Tochter ist doch völlig unkritisch. Affenliebe ist das!

So verheddern sich gerade in den Zeiten, da die Kinder selbständig werden, ganze Familien in wechselseitigen Mißverständnissen, Enttäuschungen, unausgesprochenen Vorwürfen und Kränkungen. Jeder interpretiert in die Worte und Handlungen der anderen etwas hinein und hält seine Sicht der Dinge für die selbstverständlich einzig richtige. Jeder ist sauer auf den anderen, keiner versteht den anderen, manch einer nicht mal sich selbst.

Hör mir doch erst mal zu!

Menschen unterhalten sich manchmal, als spielten sie Pingpong. Einer sagt was, der andere sagt seinen Kommentar dazu. Wenn er aufhört, spinnt der andere seinen Faden weiter, dann der zweite den seinen. Jeder wartet nur, bis der andere eine Pause macht, um mit seiner Sicht der Dinge fortzufahren. Jeder versucht den anderen von seiner Meinung zu überzeugen, ohne sich auf die des anderen wirklich einzulassen. Um im Bild zu bleiben: Jeder schlägt den Ball des anderen sofort zurück, anstatt ihn erst mal aufzufangen, von allen Seiten zu betrachten und dann erst zurückzugeben. Beim Pingpongspielen wäre das wohl störend, bei Gesprächen ist es das nicht.

Was können wir tun, um einander besser zu verstehen?

Beachten Sie

> Wenn wir uns auf die Sichtweise, auf die Gedanken eines Anderen einlassen wollen, müssen wir erst einmal versuchen, die Dinge auch mit seinen Augen zu sehen, um sie zu verstehen.

Antworten Sie nicht auf jede Bemerkung Ihres Gegenübers gleich mit einem Kommentar. Versuchen Sie erst einmal zu verstehen, was er oder sie eigentlich meint. Das gilt für Erwachsene ebenso wie für Kinder. Bleiben wir aber zunächst bei den Kindern.

Ein Beispiel

Nehmen wir an, Ihr Sohn kommt aus der Schule. Der erste Satz eines Gespräches ist ja oft nur ein Vorgeplänkel, eine Gefühlsäußerung, ein Abtasten der Gesprächsbereitschaft des Anderen.

»So eine Scheiße!«

Darauf können Sie (wie ein Pingpongspieler) mit einer Belehrung darüber antworten, was man als wohlerzogener Mensch sagt und was man nicht sagt. Sie können es aber auch lassen.

Statt dessen können Sie nach der Ursache der Verärgerung gründeln. »Was hat dich denn so geärgert?«

»Die Bettina ist eine blöde Kuh!«

Wenn Sie jetzt antworten: »Ich denke, Bettina ist deine Freundin?« entwickelt sich das Gespräch in eine ganz andere Richtung. Den Grund für dieses Urteil werden Sie nur erfahren, wenn Sie sich mit Kommentaren zurückhalten und erst mal zuhören, nur vorsichtig zum Weiterreden ermutigen.

Vielleicht erfahren Sie so nach und nach, daß es in der Schule Ärger gab, weil Bettina ihn während der Klassenarbeit nicht abschreiben lassen wollte. Beim Versuch, unter der Schulbank ins Buch zu gucken, hat die Lehrerin ihn dann erwischt, ihm die Arbeit abgenommen und eine Sechs gegeben.

Daß Ihr Sohn aufs Abschreiben angewiesen war, weil er gestern die fürs Wiederholen nötige Zeit anderweitig verplant hatte, daß er im Grunde die schlechte Zensur verdient hatte, das brauchen Sie ihm nicht zu sagen, das weiß er selbst. Wenn Sie es ihm aber sagen, wird er wahrscheinlich das Visier herunterlassen und sich wütend verteidigen.

Keine Abwehrmanöver provozieren

Wenn Eltern mit ihren Kindern reden, tun sie das oft mehr unter pädagogischen als unter kommunikationspsychologischen Gesichtspunkten. Ich, deine Mutter, dein Vater, sage dir etwas, damit du, mein Kind, deine Schlüsse daraus ziehst und dich entsprechend verhältst. Wenn ich in der Sache recht habe, solltest du das einsehen und nicht beleidigt sein. Wenn du auf eine harmlose Bemerkung hin mit den Türen knallst, ist das ungezogen!

So läuft das aber nicht. Die Gespräche mit unseren Kindern unterliegen den gleichen Regeln, wir machen dabei die gleichen Fehler, tappen in die gleichen Fallen, müssen mit den gleichen Reaktionen rechnen wie Erwachsene im Gespräch untereinander.

Vor allem sollte der **Stil**, in dem wir mit unseren Kindern reden, ihnen als Modell dienen können dafür, wie wir von ihnen angeredet werden möchten, wie sie auch mit anderen reden können. Das leistet der pädagogische Stil nicht. Das leistet nur ein Gesprächsstil, in dem für jeden die gleichen Regeln gelten.

Sprechen Sie mit Ihrem Kind, wie Sie auch von ihm angeredet werden möchten.

Fühlt ein Mensch sich durch eine Entgegnung in seinem Selbstwertgefühl angegriffen, dann kann er nicht mehr sachlich reagieren. Dann verteidigt er sich mit typischen Abwehrmanövern. Das könnte im Beispiel Ihres Sohnes so aussehen:

Auf Vorwürfe und Ermahnungen würde er vielleicht antworten: »Behaupte bloß nicht, du hättest in deiner Schulzeit nie abgeschrieben!« Der eigene Fehler wird erträglicher, wenn man dem anderen das gleiche vorwerfen kann. Wenn Sie diesen Ball jetzt annehmen und etwas zu Ihren eigenen Schulleistungen sagen, sind Sie schon wieder beim Pingpongspielen.

Eine andere Möglichkeit der Verteidigung: Wenn ich mich selbst größer mache, kann mich der Angriff des Anderen nicht so klein machen. »Denkst du vielleicht, die blöde Sechs macht mir was aus? Wenn ich erst berühmt bin, werde ich mich mit diesem Scheiß sowieso nicht mehr beschäftigen.«

Oder noch anders: Man verteidigt die eigene Größe, indem man den anderen klein macht. Erinnern Sie sich an das Beispiel aus dem vorigen Kapitel: »Du bist ja bloß neidisch, weil du nicht mehr so gut aussiehst«.

Versuchen Sie, Abwehrmanöver zu umgehen.

Wenn Sie diese Abwehrmanöver erkennen, wissen Sie, daß Sie das Selbstwertgefühl Ihres Gegenübers angegriffen haben. Dann können Sie es vermeiden, Ihrerseits darauf mit einem Abwehrmanöver zu reagieren. Wenn Sie sich Ihre Kommentare gleich verkneifen, kann das Gespräch offen weitergehen.

Habe ich das richtig verstanden?

Das aufmerksame Zuhören hilft nicht nur Ihnen, das Erlebnis Ihres Gegenübers mit seinen Augen zu sehen, seine Gefühle dabei nachzuempfinden. Es hilft vor allem auch ihm selbst, sich klarer zu werden über das, was passiert ist, was er dabei empfunden hat und welche Schlüsse er daraus ziehen will. Das hilft ihm viel mehr als Ihre Ermahnungen.

Manchmal wird Ihnen nicht gleich klar werden, was Ihnen Ihr Kind eigentlich mitteilen will. Vielleicht hat es sich ungeschickt ausgedrückt, vielleicht ist es ihm aber auch selbst noch nicht klar. Sie können sich und ihm helfen, wenn Sie, wiederum anstelle einer Entgegnung, einfach erst mal sagen, was Sie verstanden haben, was bei Ihnen angekommen ist. Und zwar nicht so sehr die Worte, sondern der gefühlsmäßige Hintergrund. Also auf »So eine Scheiße« etwa: »Du scheinst dich ja sehr geärgert zu haben.«

> Fragen Sie nach, wenn Sie etwas nicht verstanden haben.

Ohne Worte teilen Sie dadurch auch mit: »Ich habe meine Antennen ausgefahren, ich versuche zu verstehen, erzähl weiter«.

Ihr Sohn kann dann weitermachen mit: » Ja, weil....«

Haben Sie mal was nicht richtig verstanden, gefällt ihm Ihre Rückmeldung nicht, kann er sagen: »Nein, das nicht, aber...«, und so das Ganze zurechtrücken. So können sie beide nach und nach gemeinsam klären, was eigentlich so ärgerlich, so erfreulich, so traurig war.

Bei *Thomas Gordon*, den ich in einem späteren Kapitel noch ausführlich zitieren werde, heißt das »aktives Zuhören«. Wer es genauer wissen möchte, kann in Gordons Büchern (s. Seite 172) nachlesen.

Wenn Sie sich mit Entgegnungen und Kommentaren zurückhalten, wagt Ihr Sohn vielleicht sogar eine selbstkritische Bemerkung zu seiner Geschichte, sagt selbst etwas, was Sie ihm nicht hätten sagen dürfen. Das kann er aber nur, wenn er von Ihrer Seite keinen Angriff auf sein lädiertes Selbstwertgefühl befürchten muß.

Beachten Sie

Selbstkritisch über eigene Schwächen oder Fehler zu reden, ist für Jugendliche ganz besonders schwer. Dabei ist Einsicht und Selbstkritik der einzige Weg zu einer verläßlichen Änderung.

Sie können sich das auch so vorstellen, als wenn eine Schnecke langsam und vorsichtig ihre Fühler aus dem schützenden Haus streckt. Eine grobe Berührung, und sie zieht sie wieder zurück. Kritische, herablassende, ironische Elternbemerkungen sind solche groben Berührungen. Machen Sie es der Schnecke nicht unnütz schwer.

Auch Eltern brauchen verständnisvolle Zuhörer

Was ich über aufmerksames Zuhören und Verstehen gesagt habe, gilt nicht nur im Umgang mit den Kindern. Auch Eltern brauchen dringend Menschen, bei denen sie ihren Frust abladen, mit denen sie ihre Freude oder Verzweiflung teilen können, Menschen, die sie zu verstehen versuchen, ohne sie gleich mit guten Ratschlägen zuzuschütten.

Suchen Sie sich einen verständnisvollen Gesprächspartner für Ihre Probleme.

Im günstigsten Falle finden das die Partner einer beim anderen. Aber bisweilen reicht das nicht. Manch einer fühlt sich auch bei Freund oder Freundin, Kollege oder Nachbarin oder bei den Teilnehmern einer Gesprächsgruppe eher angenommen und verstanden.

Vor allem für **Alleinerziehende** ist es lebenswichtig, daß sie sich solche Gesprächspartner suchen. Sie können nicht ständig verständnisvoller Seelenmülleimer Ihrer Kinder sein, wenn Sie nicht auch selbst jemanden haben, bei dem Sie sich mal ausheulen oder ganz ungebremst auf Ihren Nachwuchs schimpfen dürfen.

Reden ist Gold, Schweigen ist Silber

Vergessen wir aber über aller Begeisterung für klärende Gespräche nicht, daß auch in der wohlwollendsten Atmosphäre nicht jeder ständig Lust hat, über alles zu reden. Manchmal reagieren junge Leute auf Fragen oder das Angebot von Gesprächen ausgesprochen muffelig. Sie fühlen sich ausgefragt. Sie wollen darüber nicht reden. Sie wollen erst mal selbst mit einer Sache ins Reine kommen, oder sie wollen das Ganze lieber mit Freunden besprechen.

Dann ist weiteres Bohren unzulässig und schädlich. Denn wenn ich einem anderen zu sehr auf die Pelle rücke, bedeutet das auch eine Mißachtung seiner Intimsphäre. Und dagegen sind Jugendliche besonders allergisch.

Fragen Sie Ihre Kinder nicht zu sehr aus.

Wenn Eltern hier zu sehr drängen, verleiten sie ihre Kinder, ihnen eine wohlfeile Ausrede als Antwort anzubieten, damit sie in Ruhe gelassen werden. **Ausfragen** verführt zum Lügen.

Deshalb sollte in jedem Alter und auf jede Frage auch die Antwort erlaubt sein: »Darüber möchte ich jetzt nicht reden«.

Beachten Sie

Es ist ein notwendiger Vertrauensbeweis und eine Anerkennung der kindlichen Autonomie, das zuzulassen, auch wenn es manchmal schwerfällt.

Besonders wenn Sie sich über etwas Sorgen machen, möchten Sie wahrscheinlich wissen, was los ist. Erzwingen dürfen Sie es trotzdem nicht. Lassen Sie sich auch niemals dazu verführen, heimlich Briefe oder Tagebuchaufzeichnungen Ihrer Kinder zu lesen. Das ist ein so schwerer und folgenreicher Vertrauensbruch, daß er höchstens durch Lebensgefahr zu rechtfertigen ist.

Das Kunststück, das Sie fertigbringen müssen, ist sich anzubieten, ohne sich aufzudrängen. Ihre Kinder müssen das sichere Gefühl haben, daß sie Ihre Unterstützung jederzeit als Notnagel in der Hinterhand behalten, wenn sie mal nicht allein zurechtkommen. »Wenn ich sie brauche, sind sie da«.

Lassen Sie sich helfen, wenn Sie nicht mehr miteinander klarkommen

Es ist leicht, in einer ruhigen Stunde das, was man in schlauen Büchern liest, einzusehen und gute Vorsätze zu fassen. Es ist meistens viel schwerer, sie auch in die Realität umzusetzen.

- Wenn Angst oder Wut Ihr besonnenes Handeln immer wieder blockieren,
- wenn Sie allein keinen Weg mehr zueinander finden,
- wenn einer den anderen immer wieder mißversteht,

lassen Sie sich von Fachleuten helfen. Gehen Sie zu einer **Familienberatungsstelle**. Die finden Sie im Telefonbuch Ihrer Heimatstadt oder des nächsten größeren Ortes als Angebot der Stadt oder freier Träger wie Caritas, Diakonisches Werk oder Kinderschutzbund.

Es ist kein Zeichen von Unfähigkeit, professionelle Hilfe in Anspruch zu nehmen.

Eine solche Stelle in Anspruch zu nehmen ist kein Eingestehen eigener Unfähigkeit. Oft wird derjenige betriebsblind oder in seiner Handlungsfähigkeit eingeschränkt, der an einem Problem zu dicht dran ist, mit zu heftigen eigenen Gefühlen daran beteiligt ist. Ein Fremder dagegen, erst recht einer mit besonders geschultem Blick, kann das Ganze eher kühlen Herzens und mit kritischem Abstand betrachten. Und das ist sehr hilfreich. Am besten ist es natürlich, wenn die ganze Familie gemeinsam gehen kann. Denn keiner ist unbeteiligt, wenn Menschen so eng zusammenleben.

Es wird freilich schwer sein, Ihren Sohn/Ihre Tochter davon zu überzeugen, mitzugehen. Sie gegen ihren Willen unter Druck mitzuschleppen ist völlig sinnlos.

Vermeiden Sie bei Ihren Überzeugungsversuchen jede Schuldzuschreibung. Also nicht: »Ich möchte, daß wir da hingehen, weil du...«, sondern: »...weil ich dich besser verstehen möchte«, »...weil man uns vielleicht helfen kann, besser miteinander auszukommen.«

Gelingt es Ihnen nicht, Sohn, Tochter, Partner zum Mitgehen zu bewegen, können Sie auch allein gehen. Das ist sicher nicht so effektiv, aber besser als gar keine Hilfe.

Da in einer Familie das Verhalten aller aufeinander einwirkt und voneinander abhängig ist, können Sie damit rechnen, daß eine Veränderung Ihres Verhaltens auch Veränderungen bei anderen Familienmitgliedern nach sich ziehen wird.

Was passiert in einer Beratungsstelle?

Bei Gesprächen in einer Beratungsstelle wird Ihnen nicht vorgehalten, was Sie alles verkehrt machen. Man überschüttet Sie auch nicht mit Ratschlägen, die Sie wiederum nicht realisieren können. Man hilft Ihnen vielmehr, Ihre eigenen Gefühle und Gedanken zu ergründen und zu sortieren, sich darüber klar zu werden, was Sie ändern möchten. Man unterstützt Sie dabei, das in kleinen, gangbaren Schritten auch zu tun.

Wenn Sie gemeinsam zur Beratung gehen, wird man Ihnen helfen, so miteinander zu reden, daß jeder zu seinem Recht kommt, keiner gekränkt oder untergebügelt wird, die Gespräche klären und nicht verletzen.

Bestimmt wird kein Berater darüber richten, wer bei Auseinandersetzungen im Recht, wer im Unrecht ist, wer besser argumentiert, wer schlechter. Niemand wird für oder gegen einen von Ihnen Partei ergreifen. Deshalb werden auch alle gleichermaßen von solchen Gesprächen einen Gewinn haben.

5.

KAPITEL

Gespräche
mit offenem Visier

Beim besten Willen aller Beteiligten endet so manches Gespräch ganz anders als beabsichtigt. Wichtiges bleibt unausgesprochen, plötzlich schieben sich Töne hinein, die da nicht hingehören, oder wir landen irgendwo, wo wir gar nicht hinwollten.

»Das habe ich doch gesagt!« oder aber: »Das habe ich überhaupt nicht gesagt!« – Anzeichen dafür, daß da etwas nicht oder nicht so angekommen ist, wie es gemeint war.

Kommunikation bedeutet viel mehr, als nur miteinander zu reden.

Warum gibt es immer wieder diese Störungen, diese »Übermittlungsfehler« zwischen »Sender« und »Empfänger« von Mitteilungen, warum reagieren wir oft gereizt auf dem Wortlaut nach ganz harmlose Bemerkungen?

Ein kleiner Ausflug in die Psychologie der Kommunikation soll helfen, das etwas systematischer zu betrachten und besser zu verstehen.

Wie wir miteinander reden

Miteinander reden ist ein viel komplizierterer Prozeß, als daß einer Worte formuliert und der andere sie hört und versteht.

Oft »reden« wir schon ohne Worte miteinander, tauschen vielsagende Blicke, runzeln die Stirn oder nicken freundlich. Wir wenden uns jemandem, der mit uns spricht, mit dem ganzen Körper zu oder »zeigen ihm die kalte Schulter«. Jedes Verhalten in Gegenwart eines anderen enthält auch eine Mitteilung an ihn.

Eine noch so passive Haltung kann in einem Gespräch eine sehr aktive Rolle spielen. Wenn ein Mann bei einem Streit zwischen seiner Frau und seinem Sohn danebensteht, ohne einen Ton zu sagen, wird die Frau vielleicht wütend sein, weil sie sich im Stich gelassen fühlt, der Sohn mag heimlich triumphieren, weil er das so deutet: »Nicht mal er ist ihrer Meinung, sonst würde er sie unterstützen.« Entsprechend werden die beiden sich weiterhin verhalten. Auf diese »nonverbale Kommunikation«, diese Mitteilungen ohne Worte, achten wir viel zu wenig. Sie läuft weitgehend unbewußt ab – bei Sendern und Empfängern.

> Man kann sehr viel ausdrücken, ohne etwas zu sagen.

Auch wenn wir in Worten miteinander reden, variieren wir das, was wir mit den Worten sagen, durch wortlose Mitteilungen. Allein mit dem Tonfall unserer Stimme können wir andere streicheln oder niedermachen. Der kleine Satz »Stimmt was nicht?«, warm und liebevoll ausgesprochen, kann die freundliche Ermunterung sein, über einen Kummer zu reden. Kurz gebellt mit scharfem Blick kann er heißen: »Sie wollen doch wohl nicht an meinen Worten zweifeln!«

> Tonfall und Mimik spielen bei jedem Gespräch eine wichtige Rolle.

Und manchmal stimmt das, was wir in Worten ausdrücken, mit dem, was unser Körper ausdrückt, nicht überein. Wir können einen verbindlich formulierten Satz mit so eisigem Gesichtsausdruck hersagen, daß unser Gegenüber gleich merkt: Die meint es nicht ehrlich. Oder der andere spürt nur unterschwellig, daß da etwas nicht stimmt, und ist sehr verunsichert.

Schon das alles gleichzeitig aufzunehmen und zu entschlüsseln fordert von unserem Gegenüber ein hohes Maß an Aufmerksamkeit und Übung. Kinder lernen zum Beispiel, am Ausdrucksverhalten ihrer Eltern zu bemerken:

»Halt, jetzt ist die Grenze erreicht, jetzt wird sie echt sauer!« oder aber: »Aha, das sitzt, an dieser Stelle ist sie empfindlich.«

Vier Seiten einer Medaille

Wenn wir miteinander reden, teilen wir uns also viel mehr mit als das, was die Worte aussagen.

Friedemann Schulz von Thun beschreibt in seinem Buch »Miteinander reden«, daß jede Mitteilung eines Menschen an einen anderen aus vier Aspekten besteht, die man sich wie die vier Seiten eines Quadrates vorstellen kann:

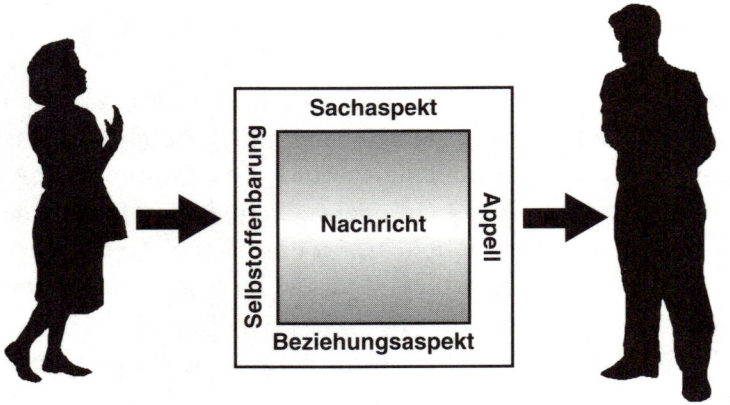

Sachaspekt

Als erstes und einfachstes ist da der **Sachaspekt**. Ich formuliere etwas so klar und eindeutig wie möglich, damit der andere es so versteht, wie ich es meine. Ich sage zum Beispiel zu meiner Tochter: »Bind dir einen Schal um«, weil ich möchte, daß sie das tut.

Beziehungs-aspekt

Jede Nachricht enthält aber auch einen **Beziehungs-aspekt**. Mit der Art meiner Formulierung bringe ich zum Ausdruck, was ich von meinem Gegenüber halte, wie ich zu ihm stehe, auch wenn das in den Worten gar nicht vorkommt. Entsprechend fühlt sich der oder die andere zum

Beispiel respektiert, von oben herab behandelt, nicht ernst genommen.

Wenn ich zu meiner siebzehnjährigen Tochter sage: »Bind dir einen Schal um, es ist kalt draußen«, dann ist an den Worten nichts zu beanstanden. Wahrscheinlich ist es wirklich kalt draußen. Trotzdem wird meine Tochter sauer. Warum?

Daß ich ihr das so sage, vermittelt ihr, daß ich ihr nicht zutraue, das selbst zu beurteilen, daß ich mich noch immer für ihre Gesundheit zuständig fühle. Entsprechend und folgerichtig reagiert sie schnippisch. Sie reagiert auf den Beziehungsaspekt, nicht auf den Sachaspekt.

Als drittes enthält jede Nachricht einen **Selbstoffenbarungsaspekt**. Mit dem, was ich sage und wie ich es sage, teile ich auch etwas über mich mit und darüber, was ich im Moment empfinde, auch wenn ich es nicht mit Worten ausdrücke.

Selbstoffenbarung

Wenn ich zu meinem Partner sage: »Du kommst ja wieder so spät«, wird er daraus unschwer eine gewisse Enttäuschung, einen leisen Vorwurf heraushören.

Und viertens enthält jede Nachricht auch einen **Appell** an den anderen, er möge sein Verhalten entsprechend einrichten. Dieser Appell kann ausdrücklich ausgesprochen sein, wie im Beispiel von der Tochter und dem Schal, oder unformuliert im Ton mitschwingen, wie beim Zuspätkommen meines Partners. Der kann aus diesem letzten Beispiel auch den Appell heraushören: »Sieh zu, daß du in Zukunft früher kommst.«

Appell

Er kann, er muß aber nicht. Nach *Schulz von Thun* müßte jeder Mensch gewissermaßen vier Ohren haben, um jeweils die vier Aspekte, die in einer Nachricht stecken, einzeln aufnehmen und entschlüsseln zu können.

Manche Menschen aber sind auf einem Ohr ausgesprochen taub, auf einem anderen hören sie die Flöhe husten.

Mein Partner hört mit dem Appellohr gern weg, weil er selbst entscheiden möchte, was er tut und läßt. Meine Tochter ist auf dem Beziehungsohr extrem empfindlich, weil sie sich oft wie ein Kleinkind behandelt fühlt und überall Hinweise darauf wittert, daß dies wieder so zu verstehen sei.

Auch die Sender von Nachrichten legen ganz unterschiedliche Akzente auf die verschiedenen Aspekte ihrer Mitteilung. Mal senden wir bevorzugt den Sachaspekt, klar und relativ emotionsarm. Ein anderes Mal ist uns gerade der gefühlsmäßige Beziehungsaspekt besonders wichtig, egal, mit welchen Worten er daherkommt.

Manchmal verschleiern wir auch einen Aspekt, indem wir zum Beispiel sehr sachbezogen reden oder handeln, aber eigentlich viel mehr den Beziehungsaspekt meinen. Wie viele Frauen ziehen ihrem Schatz bei einem schweren Abschied wortlos die Krawatte oder den Kragen zurecht – eine ganz sachliche Angelegenheit, die die Botschaft enthalten könnte: »Achte bitte mehr auf dein Äußeres.« Aber eigentlich wollen sie damit sagen: »Ich liebe dich, paß auf dich auf!«

Nebel und andere Hindernisse

Sender

Mancher **Sender** weiß in dem Moment, in dem er etwas sagt oder tut, selbst nicht so genau, was er eigentlich ausdrücken will. Ist es da ein Wunder, wenn es der andere erst recht nicht versteht? Wenn er sich vielleicht etwas ganz anderes zurechtlegt, was er verstanden zu haben glaubt?

Empfänger

Manche **Empfänger** verstehen nicht mit allen Ohren gleich gut, was sie verstehen möchten. Haben sie einen Aspekt nicht richtig wahrgenommen , dann denken sie sich selbst hinein, wie es wohl gemeint sein muß. Wenn

Sie Ihrem Sohn beim Abschied zur Schule sagen: »Heute hast du Sport«, glaubt er vielleicht, Sie trauten ihm nicht zu, selbst an sein Sportzeug zu denken. Dabei hatten Sie vorwiegend unter dem Selbstoffenbarungsaspekt äußern wollen: »Ich weiß, daß ich an Sporttagen länger mit dem Mittagessen warten muß.«

Beachten Sie

Der Sachaspekt einer Nachricht kann am besten störungsfrei übermittelt werden, wenn es auf der Beziehungsseite zwischen Sender und Empfänger zur Zeit keine Probleme gibt.

Liegen auf der Beziehungsseite Störungen vor, ist die Aufnahme der sachlichen Inhalte gestört. Trifft eine Mitteilung mit ihrer Beziehungsseite einen wunden Punkt, kann der Sachaspekt nicht mehr richtig wahrgenommen werden. Er verschwindet im Nebel, und was man durch Nebel sieht, kann man leicht mißdeuten.

Beachten Sie

Jeder Mensch geht an Mitteilungen anderer auch mit bestimmten Erwartungen heran. Die bildet er sich nach Erfahrungen, die er allgemein mit anderen Menschen und speziell mit bestimmten Menschen macht.

Wird ein Kind zum Beispiel oft gescholten, wird es selbst freundlich gemeinte Bemerkungen leichter als »Gemecker« mißdeuten und entsprechend reagieren.

Wenn ein Jugendlicher sich immer wieder »wie ein Baby« behandelt fühlt, versteht er leichter Bemerkungen, die ganz anders gemeint waren, in dieser Richtung falsch.

Solche Erwartungseinstellungen sind gewissermaßen eine Rationalisierung des Verständigungsprozesses. Wenn man das, was man aufnimmt, in eine vorhandene Schablone packen kann, geht das Verstehen schneller und leichter.

Allerdings wird es auch starrer – wahrnehmen, eintüten, wie gewohnt reagieren. Auf neue Nuancen wird da wenig geachtet. Sie müssen schon überdeutlich daherkommen oder sich oft wiederholen, damit der Empfänger merkt, daß seine alte Schablone nicht mehr paßt.

Das ist der Grund dafür, daß gute Vorsätze und geändertes Verhalten eines Gesprächspartners oftmals beim anderen nicht gleich das entsprechende Entgegenkommen auslösen, weil er noch mit den alten Verständnisschablonen arbeitet.

Ein Beispiel

Nehmen wir an, Sie haben beschlossen, im Verhalten Ihrer Tochter mehr Augenmerk auf die positiven Seiten zu richten, sie mehr hervorzuheben, anstatt sich immer nur über die unangenehmen zu ärgern. Als sie, wie schon oft, zu spät nach Hause kommt, sagen Sie deshalb: »Na, immerhin warst du vorher ja mehrmals pünktlich.« Ihre Tochter aber, in der festen Erwartung, daß Sie wieder meckern würden, deutet das als Zynismus und antwortet etwas Unflätiges.

Bitte geben Sie in einem solchen Fall Ihre Bemühungen nicht gleich wieder auf nach dem Motto: »Ich habe es anders probiert, aber es hat nichts genutzt.« Solche Umstellungen brauchen Zeit, gehen vor allem vorübergehend durch eine Phase der Irritation, in der der Gesprächspartner zweifelt und experimentiert, bis er geneigt ist, seine Schablonen zu ändern.

Jeder Empfänger muß die Nachricht, die der andere sendet, erstens wahrnehmen und zweitens deuten. Und drittens wird die Deutung Gefühle in ihm auslösen. Je verschwommener, je mehrdeutiger die Sendung ist, desto eher wird der Empfänger etwas hineindeuten, das vorwiegend mit seinen eigenen Empfindlichkeiten zu tun hat, desto eher wird er das mißverstehen, was der Sender gemeint hat, und entsprechend gefühlsmäßig reagieren.

Da er aber oft Wahrnehmung und Deutung nicht auseinanderhält, weil er gar nicht merkt, daß die gleiche Wahrnehmung auch anders gedeutet werden könnte, können ganze Ketten von Mißverständnissen entstehen, da jeder seine Deutung für die einzig mögliche hält.

Zum Beispiel in diesem Gespräch zwischen Mutter und Sohn beim Abschied vor Schulbeginn:

Ein Beispiel

Was gesagt wird	Was gemeint ist	Was ankommt
Mutter: »Heute ist Sport.«	Ich weiß, daß ich länger mit dem Essen warten muß.	Ich muß aufpassen, daß du dein Sportzeug nicht vergißt.
Sohn: »Was geht dich das an?«	Ich kann allein daran denken.	Ich will deine Anteilnahme nicht.
Mutter: »Dann mach dir dein Essen doch allein!«	Ich fühle mich rücksichtslos behandelt.	Du bist mir zu unselbständig.
Sohn: »Laß mich doch mit deinem Gemecker in Ruhe!«	Ich weiß nicht, was das jetzt soll.	Ich kann dich nicht ausstehen!

Mutter (schlägt wütend und gekränkt die Tür zu): »Geh mir aus den Augen!«
Deutung der Mutter: »Dieser Bengel ist rücksichtslos und gemein.«
Deutung des Sohnes: »Die Olle findet ständig was zu meckern.«

Können Sie nach dieser kurzen Einführung besser verstehen, wie kompliziert das **Übermitteln einer einfachen Nachricht** und das entsprechende Aufnehmen und Entschlüsseln ist, wie viele Möglichkeiten von Mißverständnissen da eingebaut sind?

Diese Unterscheidung von Sender und Empfänger mit ihren jeweils individuellen Eigenarten und den vier Aspekten jeder Nachricht ermöglicht es uns, Mißverständnisse etwas systematischer zu beschreiben und gezielter zu vermeiden.

Wie man die Verständigung verbessern kann

Bei einem so komplizierten Prozeß sind Mißverständnisse etwas völlig Normales. Wenn einer etwas anders versteht, als es der andere gemeint hat, ist es wenig sinnvoll, nach einem Schuldigen zu suchen, der etwas falsch gemacht hat.

Mißverständnisse bei einem Gespräch sind etwas völlig Normales.

Einer hat dies gesagt, der andere hat das gehört und gefühlsmäßig darauf reagiert. Beides ist richtig. Jeder hat in seiner Position und aus seiner Sicht der Dinge recht. Denn Gefühle sind nie richtig oder falsch. Sie sind eben da. Deshalb sollte jeder seinen Unmut über eine Bemerkung des anderen formulieren (oder auch unformuliert ausdrücken) dürfen, ohne daß der andere ihm Vorwürfe macht: »Wie kannst du das so falsch verstehen, das habe ich überhaupt nicht gesagt!«

Es hat auch keine Zweck, zu fragen, wer mit dem Mißverstehen angefangen hat, was hier Ursache und Folge war. Diese Frage ist so sinnvoll wie die nach der Henne und dem Ei. Sie meckern mit Ihrem Sohn, weil er immer so patzig ist. Ihr Sohn ist patzig, weil Sie ständig mit ihm meckern. Kommunikation geht ihrer Natur nach ständig hin und her. Vor jeder Bemerkung ist schon etwas anderes gewesen, und davor noch etwas. Einen klar definierten Anfang gibt es nicht.

An unbefriedigendem Umgang miteinander hat auch jeder seinen Anteil. Denn jedes Verhalten ist auch eine Mitteilung an den anderen. Und nicht verhalten kann man sich nun einmal nicht.

Die einzig wichtige Frage ist: Welches Spiel spielen wir hier miteinander? Was können wir ändern, damit es uns beim Umgang miteinander besser geht?

Wenn einer der sich häufig Mißverstehenden sein Verhalten ändert, ändert sich auch der Umgang miteinander, denn die anderen reagieren ja wieder darauf, wenn auch nicht sofort.

Warten Sie also nicht, bis Ihr Partner, Ihr Sohn, Ihre Tochter sich ändert, weil er oder sie ja schließlich das Mißverstehen verschuldet. Fangen Sie einfach selber an.

Versuchen Sie zunächst mal für sich klarzukriegen, was da eigentlich läuft

- Ehe Sie eine unklare oder mehrdeutige Bemerkung mißverstehen, fragen Sie erst mal nach: »Wie meinst du das?«, »Was soll das?«, oder bieten Sie das, was bei Ihnen angekommen ist, zur Rückkopplung an: »Soll das heißen, du fühlst dich bevormundet?«
- Versuchen Sie auseinanderzuhalten, was Sie an Äußerungen wirklich wahrgenommen und was Sie hineingedeutet haben.
- Machen Sie sich klar, daß Ihre Deutung nicht die einzig mögliche ist, sondern oft auch mit Ihrer Sicht, mit Ihren Empfindlichkeiten zu tun hat.

Nehmen wir an, Ihre Tochter erzählt Ihnen gerade begeistert von ihrem Besuch bei einer Freundin. Die Mutter hatte mit den beiden Mädchen Plätzchen gebacken. In Ihnen beginnt es zu kochen. Immer diese Hinweise auf andere

Eltern, die wer weiß wie viel Zeit haben. Sie hätten Lust, was Unfreundliches dazu zu bemerken. »Ach, **da** interessierst du dich auf einmal fürs Backen. Wenn du zu Hause mal was in der Küche machen sollst, dann gibt's gleich ein großes Theater.« Klar, daß Ihre Tochter darauf ihrerseits mit etwas Boshaftem antworten würde. Aber das wollen Sie ja ändern.

Was macht Sie eigentlich so ärgerlich?
Erleben Sie die Begeisterung über diese Mutter, die sich so viel Zeit für die Mädchen genommen hat, als Vorwurf gegen sich, die (oder der) sich oft noch Akten aus dem Büro mit nach Hause bringt?

Versuchen Sie dabei auseinanderzuhalten:
- Was Sie wahrnehmen: Ihre Tochter berichtet vom Besuch bei ihrer Freundin.
- Wie Sie das interpretieren: Sie hören einen Vorwurf heraus. Sind Sie auf diesem Ohr besonders empfindlich, weil Sie sich den Vorwurf oft selbst machen?
- Was Sie fühlen. Sie werden ärgerlich.

Dann sagen Sie das doch.

Reden Sie von sich selbst, nicht vom anderen
Wenn Ihre Tochter mitkriegen soll, warum Sie sich ärgern, müssen Sie es ihr sagen.
- Sagen Sie aber nicht: »Du hast mich gekränkt«, denn das unterstellt der Tochter eine Absicht und eine Schuld. Und dagegen wird sie sich wehren.
- Legen Sie das Schwergewicht Ihrer Mitteilung auf die Selbstoffenbarung, denn das ist der Aspekt, der im anderen am wenigsten leicht Allergien auslöst. Denn mit der Selbstoffenbarung reden Sie einfach von sich, berichten, was ist.
- Reden Sie von »Ich« und nicht von »Du«.

»Ich werde richtig sauer. Ich höre da einen Vorwurf raus, weil ich nie so viel Zeit für dich habe.« Damit liegt das Problem offen auf dem Tisch, von dem Sie glauben, daß es versteckt in dem Bericht mitschwang. Ihre Tochter kann jetzt bestätigen, daß sie wirklich wünschte, Sie hätten mehr Zeit, oder sie kann Ihnen erklären, daß sie es so nicht gemeint habe. Jedenfalls hat das Gespräch viel bessere Chancen, auf verständnisfördernde Weise weiterzugehen.

Und die Antwort, die Sie spontan am liebsten gegeben hätten (»**Da** interessierst du dich auf einmal fürs Backen...«)? Das war eine »Du-Antwort«.

Diese Antwort hätte das Schwergewicht wieder auf den Beziehungsaspekt gelegt, auf dem Jugendliche wie alle Unsicheren besonders empfindlich sind. Sie hätte vermittelt: Ich, Deine Erzieherin gebe ein Urteil über Dein Verhalten ab. Kein Wunder, daß das ärgerlich macht – oder?

Versuchen Sie Mißverständnisse unter dem Aspekt zu klären, der bevorzugt angesprochen ist

Tip

Ich sagte es schon: Auch jedes Sachgespräch hat einen Beziehungsaspekt. Und die empfindlichsten Reaktionen gibt es oft dort. Dann muß man aber auch den Grund für die Störung an der richtigen Stelle suchen und sie dort klären. Sonst verheddert man sich.

Ein Beispiel

Nehmen wir ein Beispiel von vorhin wieder auf: Sie sagen zu Ihrer Tochter: »Bind dir einen Schal um, draußen ist es kalt.« Dies ist eine Mitteilung vor allem mit Sach- und Appellaspekt. Ihre Tochter hört aber mit dem besonders empfindlichen Ohr den Beziehungsaspekt heraus: »Ich muß noch immer für Dich sorgen.« Weil Ihre Tochter aber dieses Kapitel nicht gelesen hat und auch in der Kommunikation noch nicht so geübt ist, reagiert sie auf der Beziehungsseite gekränkt, antwortet aber auf der Sachseite: »Quatsch, so kalt ist es gar nicht«.

Das können Sie nun als Zeichen besonderer Unvernunft und Bockigkeit werten und sich auf eine Debatte um die Grade auf dem Thermometer einlassen. Sie können aber auch aus dieser Antwort den Beziehungsaspekt herausfiltern, und der heißt: »Ich will selbst beurteilen, wie kalt es ist und was ich anziehen muß.«

Und dann können Sie auf dieser Seite antworten und sich schwerpunktmäßig mehr auf den Selbstoffenbarungsaspekt zurückziehen: »Ich mache dir ja keine Vorschriften, aber ich fürchte, daß du dich erkältest. Mir wäre es ohne Schal zu kalt.« Das läßt Ihrer Tochter mehr Raum für eine eigene Entscheidung, an der ihr so viel liegt.

Manchmal wird Ihnen auffallen, daß Sie in einem sachlichen Gespräch plötzlich eine ganz unsachliche Antwort bekommen. Dann haben Sie zwei Möglichkeiten, wie sie darauf reagieren:

1. Möglichkeit

Sie können appellieren: »Das gehört doch nicht hierher. Bleib bitte sachlich!«

Aber das ist nicht sinnvoll. Denn die unsachliche Bemerkung zeigt Ihnen, daß Ihr Gegenüber eben nicht auf der Sachseite, sondern wahrscheinlich auf der Beziehungsseite reagiert. So lange hier etwas grummelt, kann das sachliche Gespräch nicht vorwärtskommen. Deshalb:

2. Möglichkeit

Sie können auf die Beziehungsseite wechseln und erst mal diesen Aspekt klären.

Ein Beispiel

Nehmen wir das Beispiel von Mutter, Sohn und dem Sportunterricht noch einmal auf, und verlegen wir es auf eine ruhigere Zeit am Nachmittag. Auf die sachliche Bemerkung der Mutter: »Morgen ist Sport«, antwortet der Sohn unsachlich: »Was geht dich das an?« Der sachliche Inhalt gibt dafür keine Erklärung her. Also liegt hier wahrscheinlich eine Störung auf der Beziehungsseite vor. Die Mutter kann versuchen, das zu klären: »Was ärgert dich denn so?« Jetzt kann der Sohn erläutern, wie die Bemerkung bei ihm angekommen ist. Das zeigt der Mutter, daß er in ihre unklare Mitteilung etwas hineininterpretiert hat, was sie gar nicht meinte. Sie kann präzisieren: »Ich meinte doch, da wird es mit dem Essen später.« Damit ist die Sache klarer, der Sohn kann sich abregen.

Sagen Sie offen, was Sie denken, fühlen, wünschen

Tip

Nun heißt das nicht, daß Sie Ihre heranwachsenden Kinder wie rohe Eier behandeln sollen und Ihren Partner vielleicht noch gleich mit. Es bedeutet auch nicht, daß Sie immer erst überlegen sollen, was wem unter welchem Aspekt vielleicht sauer aufstoßen könnte, um es dann lieber für sich zu behalten. Im Gegenteil:

Beachten Sie

> Je älter Ihre Kinder werden, desto mehr Verständnis können sie bereits für psychische Zusammenhänge aufbringen.

Mußten Sie sich, als die Kinder kleiner waren, so manche bittere Reaktion verkneifen, weil die Kinder sie nicht verstanden hätten, müssen Sie das jetzt immer weniger. Sie können mit Jugendlichen auch über eigene Ängste und Unzulänglichkeiten, über zwiespältige und widerstreitende Gefühle reden.

Die Kinder und Sie werden zunehmend zu gleichberechtigten Partnern, bei denen jeder die Gefühle des anderen ertragen muß und auf sie Rücksicht zu nehmen lernt.

Beachten Sie

> Kinder mögen es im allgemeinen, wenn ihnen klar gesagt wird, was Sache ist. Mütter dagegen neigen oft zu eher verdeckten Äußerungen und Appellen. Sie wollen nicht so mit der Tür ins Haus fallen, sie wollen rücksichtsvoll formulieren, niemanden vor den Kopf stoßen.

Ich denke, daß viele Frauen sich diese Methode im Umgang mit Männern angewöhnen, daß sie sie an ihre Töchter weitergeben. Männer mögen es nach wie vor oft nicht, wenn eine Frau ihnen offen sagt, was sie von ihnen hält oder was sie tun sollen. Also lernt die Frau, so zu formulieren, daß der Appell etwas freundlich verpackt und nicht so deutlich auszumachen ist.

Ein Beispiel

Die Frau in unserem früheren Beispiel sagt deshalb nicht: »Ich bin ärgerlich, weil du oft so spät nach Hause kommst, ich möchte gern, daß du eher kommst«, sondern sie äußert mit leise vorwurfsvollem Unterton: »Du kommst ja wieder so spät.« Sie hofft, daß der Mann die Selbstoffenbarung und den Appell aus dieser sachlichen Bemerkung heraushört, ohne ärgerlich zu werden. Jedenfalls, wenn er sie liebt.

Soll man eher verdeckte oder offene Apelle anwenden?

Solche **verdeckten Appelle** sind oft erfolgreicher, weil sie geeignet sind, den Widerstand des anderen zu unterlaufen. Auf einen offenen Appell riskiert man eine klare Absage: »Wenn das so einfach wäre, würde ich es ja tun. Es geht aber nicht.« Das kränkt. Der leise Vorwurf und die traurigen Augen bringen den Mann vielleicht eher dazu, etwas zu ändern.

Es kann allerdings auch sein, daß er auf diese »heimliche Tour« erst recht allergisch reagiert, daß ihm klare Worte letztlich doch lieber sind.

Diese Methode der verdeckten Äußerungen verwenden Mütter oft auch gegenüber den Kindern. Aber Kinder mögen solche verdeckten Appelle nicht. Sie fühlen sich in der Deutung oft unsicher. Sie wollen wissen, woran sie sind. Sie verstehen manches erst, wenn man es ihnen deutlich sagt.

Ein Beispiel

Nehmen wir an, Ihrer Tochter fragt, ob sie bei ihrer Freundin übernachten darf. Sie antworten: »Ja ja, geh nur. Woanders ist es ja immer schöner als zu Hause.« Aber Ihr zerknitterter Gesichtsausdruck paßt nicht zu der eindeutig formulierten Zustimmung. Das verunsichert. Oder es macht ärgerlich. Denn Ihre Tochter spürt, daß Sie nicht einverstanden sind, aber wie heftig, und warum, das kann sie Ihrer Reaktion nicht entnehmen. Wenn sie dann aber wirklich geht, nehmen Sie es übel. Auch Übelnehmen ist eine verdeckte Reaktion, die Mißverständnisse fördert, weil sie verschiedene Deutungen zuläßt. Und da der, der übelnimmt, meistens schweigt, kann der andere auch nicht überprüfen, ob seine Deutung richtig ist.

Tip

Sagen Sie doch offen, was Ihnen nicht paßt. Riskieren Sie einen Streit, fechten Sie das aus.

Kinder geben sich verdeckten Appellen gegenüber oft ausgesprochen dickfellig. Selbst wenn sie sie verstehen, sie wollen es nicht. Wie heißt es bei Goethe? »Man merkt die Absicht, und man ist verstimmt.« In Berlin sagt man auch: »Nachtigall, ick hör dir trapsen.«

Ein Beispiel

Da ärgern Sie sich zum Beispiel seit Monaten, daß Ihr Sohn nie von sich aus einkaufen geht, höchstens seine Wünsche auf die Einkaufsrolle schreibt. Immer wieder werfen Sie mit Spitzen: »Warum muß eigentlich ich immer einkaufen?«, »Schön, wenn man so eine Bedienung hat«, »Ich möchte einmal erleben, ...« Und dann ärgern Sie sich krumm, weil nichts passiert.

Sagen Sie doch klipp und klar: »Ich möchte, daß du heute das Einkaufen übernimmst.«

Lassen Sie Ihren Gefühlen auch mal freien Lauf.

Es hat keinen Zweck, wenn Eltern heranwachsender Kinder um des lieben Friedens willen ihre eigenen Gefühle und Enttäuschungen hinunterschlucken oder höchstens in so unterschwelligen Andeutungen herauslassen. Das bekommt den Eltern nicht und den Kindern auch nicht.

Eltern, die sich in ihrer Haut wohl fühlen, weil sie aus ihrem Herzen keine Mördergrube machen, Eltern, die mit sich im reinen sind, sind auch bessere Eltern.

Mütter und Väter, die selbst in ihren Äußerungen zaghaft sind, erwarten das auch von ihren Kindern. Aber Kinder haben in ihrer Wortwahl viel weniger Skrupel als wir, greifen auch häufiger mal daneben. Vielleicht gelingt es Ihnen, solche Äußerungen mehr mit dem Selbstoffenbarungsohr zu hören als mit dem Beziehungsohr. Also nicht: »Warum kränkt mich der Bengel so?«, sondern: »Was ärgert ihn so?« Wenn Ihnen das aber nicht gelingt, wenn seine Frechheiten Sie auf die Palme bringen, dann sagen Sie es – laut und heftig, wenn es sein muß.

Verabschieden Sie sich von der Vorstellung, in einer guten, intakten Familie müsse man immer wohltemperiert und abgewogen miteinander reden. Was meinen Sie, was sich unter einer solchen Oberfläche alles an seelischem Elend verbergen kann!

Lautstarke Gefühlsausbrüche, heftige, aber einigermaßen faire Auseinandersetzungen können reinigend wirken wie ein Gewitter. Darauf werde ich im nächsten Kapitel eingehen.

Streiten will gelernt sein

Überall, wo Menschen eng zusammenleben, gibt es zwangsläufig auch widerstreitende Interessen, unterschiedliche Meinungen, Reibungen, seelische Verletzungen. Deshalb entstehen neben den positiven Gefühlen der Zuneigung oder des Vertrauens immer auch negative, wie Gereiztheit, Ärger, Wut.

In unserer Kultur gelten Ärger und Wut als unfein. Der zivilisierte, erwachsene Mensch zeigt sie nicht, beherrscht sie mittels seines Verstandes, klärt Konflikte mit ruhigen Worten, ohne sich aufzuregen. Das mag unter Arbeitskollegen, Nachbarn, Bekannten einigermaßen durchzuhalten sein. Aber gerade da, wo in diesem Zusammenleben Gefühle eine sehr große Rolle spielen, wie eben in der Familie, ist es das nicht.

Beachten Sie

> Der Traum von der liebevollen Familie, in der nie gestritten wird, ist eine romantische Illusion. In der Realität gibt es das nicht.

Oder die Umgangsformen sind so erstarrt, daß darunter jedes lebendige Interesse aneinander, jeder Wunsch nach Intimität, jede Zuneigung abgestorben ist. Dann braucht man auch nicht mehr zu streiten.

Mütter befinden sich häufig in einer Zwickmühle.

Manchmal wird der äußerliche Friede damit erkauft, daß einzelne Familienmitglieder, meistens die Mütter, auf die ehrliche Äußerung eigener Wünsche und Interessen fast völlig verzichten, nur noch damit beschäftigt sind, zu glätten, zu vermitteln, auszubügeln. Gedankt wird ihnen das selten. Die Kinder werfen ihrer Mutter vor, daß sie immer zum Papa halte, der wiederum ist überzeugt, daß sie den Kindern viel zu viel durchgehen lasse und überhaupt mit ihrer verfehlten Erziehung an allem schuld sei.

Versuchen wir die zwangsläufig entstehenden negativen Gefühle zu unterdrücken, verschwinden sie damit durchaus nicht. Aber weil wir sie nicht wahrhaben wollen, entziehen sie sich unserer Kontrolle, können sie unterschwellig ziemlichen Schaden anrichten. Es hat keinen Zweck, allen Ärger in einen großen Sack zu stecken und den oben zuzubinden. Irgendwann platzt er mit großem Getöse und Durcheinander.

Deshalb ist es ein Erfordernis der **seelischen Hygiene**, Ärger und Wut, die da sind, bewußt wahrzunehmen und kontrolliert herauszulassen.

Streit ist kein Versagen, nichts, wofür man sich schämen müßte, sondern ein Zeichen von Lebendigkeit und emotionaler Anteilnahme.

Tip

- Nutzen Sie deshalb den Schwung eines frischen Ärgers, um ein Problem zu klären, das sonst die Atmosphäre vergiften kann.
- Verübeln Sie auch Ihrem Partner, Ihren Kindern aggressive Ausbrüche nicht als Zeichen mangelnder Liebe und Achtung.

Lieber jeden Tag Streit als gar keine Gespräche

Dieses Kapitel soll dazu anregen, daß Streit zwischen Eltern und Kindern offen ausgetragen wird. Es soll aber auch Anlaß sein, daß die erwachsenen Partner ihr Verhalten zueinander kritisch prüfen. Sie sollten unterschiedliche Ansichten – über ihre Beziehung, über den Umgang mit den Kindern – offen auf den Tisch legen, damit sie nicht »um des lieben Friedens willen« lavieren und mauscheln müssen. Denn dabei entsteht leicht eine ständig knisternde Atmosphäre, in der die Kinder die Funktion von Blitzableitern bekommen. Immer wenn es knallt, kriegen sie es ab. Zwar entzündet sich Elternstreit bevorzugt am Verhalten der Kinder. Aber die eigentlichen Unstimmigkeiten bestehen oft zwischen den Eltern. Und da sollten sie offen ausgetragen werden.

Legen Sie unterschiedliche Ansichten offen auf den Tisch – dann kommen Spannungen erst gar nicht auf.

Außerdem müssen Kinder von klein auf an geeigneten Modellen lernen können, wie man sich streitet, ohne allzuviel Porzellan zu zerschlagen, und sich auch wieder verträgt.

Beachten Sie

Deshalb kommt Streit zwischen den Eltern auch den Kindern zugute. Die alte, anscheinend eherne Regel »Nicht vor den Kindern!« sollte zumindest in der Pubertät nicht mehr gelten. Auch wenn man selbstverständlich nicht alles vor den Kindern breittreten muß, gerade wenn sie der Anlaß für eine Auseinandersetzung sind, können sie das ruhig mitbekommen.

Kinder haben ein feines Gespür dafür, ob die vorgezeigte Eintracht der Eltern echt ist oder gefährliche Risse hat. Und ein offener Streit ist oft leichter zu ertragen als eine Atmosphäre verdeckter Feindseligkeit oder Kälte. Außerdem bemühen sich Erwachsene, die vor den Kindern streiten, meistens eher um Fairneß und Sachlichkeit und verkneifen sich manchen reizvollen Tiefschlag.

Streiten hält jung

Streit mit den Kindern offen auszutragen muß man sich nicht erst vornehmen. Dafür sorgen die schon. Gerade Halbwüchsige sind unerschöpflich darin, Auseinandersetzungen zu provozieren, als bräuchten sie das zur Klärung der Beziehungen. Aber Eltern können aufhören, das als Versagen und als Katastrophe anzusehen.

Beachten Sie

> Streit mit den Kindern ist nicht nur eine Last. Es ist auch eine Chance für Eltern. Denn wenn sie ihre Positionen immer wieder überprüfen und in Duellen vertreten müssen, hält sie das geistig beweglich.

Die Bereitschaft, sich in Frage stellen zu lassen, seine Ansichten und Gewohnheiten bei Bedarf zu ändern, ist ein **Zeichen seelischer Gesundheit.** Ohne solche Gelegenheiten erstarrt man leicht in seinen Gewohnheiten. Wer aufhört, sich geistig und seelisch zu bewegen, wird alt.

Deshalb ist, so empörend die, die gerade mittendrin stecken, diesen Gedanken auch finden mögen, die Pubertät der Kinder auch ein Jungbrunnen für ihre Eltern. (Auch ich sehe das erst so, seit ich es hinter mir habe.)

Streiten nach den Regeln der Kunst

Voraussetzung ist allerdings, daß alle Familienmitglieder gleichberechtigt streiten dürfen, daß nicht der eine meckert und der andere den Mund halten muß. Das ist kein fairer Streit. Deshalb heißt die erste Regel:

Alle haben das gleiche Recht, Ärger und Wut auszudrücken. Keiner benutzt Verhaltensweisen, die nicht auch ihm gegenüber benutzt werden können.

Diese Regel setzt meiner These von der reinigenden Wirkung eines kräftigen Gewitters Grenzen nach dem Alter der Kinder. So lange so ein Dötzchen, wenn wir es anschnauzen, wie vom Donner gerührt vor uns steht anstatt zurückzuschnauzen, haben wir uns im Ton vergriffen, müssen wir uns mäßigen.

Sind die Kinder noch klein, ist Ärger oder Wut unangebracht.

Aber unserem Sechzehnjährigen können wir, wenn uns danach ist, auch laut und heftig sagen, was wir von seinem Benehmen halten – er wird sich schon zu verteidigen wissen.

Mädchen fürchten sich manchmal vor polternden Vätern. Hier ist es Sache der Mutter, als Modell zu beweisen, daß man auch denen die Stirn bieten kann.

Fürchten Sie sich auch, wenn Ihr Mann sich aufbläst? Nehmen Sie Ihren Mut zusammen, wehren Sie sich – Ihrer Tochter zuliebe. Aber Sie werden sehen, es kommt auch Ihnen zugute!

Bevor Sie sich die rüde Ausdrucksweise Ihres Sohnes/Ihrer Tochter verbitten, durchforsten Sie zuerst Ihren eigenen Wortschatz. Entfernen Sie »Feigling«, »Transuse«, »Versager« und andere Gemeinheiten. Versuchen Sie das durchzuhalten, auch wenn es nicht mit gleichem vergolten wird. Ich weiß, wie schwer das oft ist, wie groß das Bedürfnis werden kann, auf kränkende Unverschämtheiten mit gleichem Kaliber zu antworten. Aber Sie sind der/die Reifere, Sie haben Vorgaben zu machen!

Dampf ablassen muß sein.

Es ist einfach unrealistisch, zu verlangen, daß Eltern immer wohltemperiert und abgewogen bleiben sollen, egal, was ihre Sprößlinge anstellen. Und es wäre auch nicht richtig. Kinder müssen erleben, was ihr Verhalten bewirkt. Woran sollen sie sich sonst orientieren?

Äußern Sie Ihren Ärger – das ist besser als Gleichgültigkeit.

Kinder haben für heftig geäußerten Ärger oder Zorn durchaus Verständnis. Sie ertragen das oft sogar leichter als kühl verordnete pädagogische Maßnahmen. So ein Ausbruch zeigt ihnen: Ich bin ihm oder ihr nicht gleichgültig. Und es gibt nichts Schlimmeres als Gleichgültigkeit.

Das gleiche muß allerdings für Kinder gelten. Auch wenn wir es grundsätzlich gut mit ihnen meinen, fahren wir ihnen doch oft in die Parade, durchkreuzen ihre Pläne, lassen sie ihre Abhängigkeit spüren. Das läßt sich oft nicht vermeiden, aber es macht sie wütend, und das dürfen sie zeigen.

Jede Familie wird selbst Regeln dafür finden müssen, was zum Dampfablassen erlaubt sein soll und was nicht. Daß man nicht handgreiflich aufeinander losgehen darf, ist hoffentlich unstrittig. Kinder brauchen einige Jahre, bis sie von diesem Mittel lassen können, bis sie sich genug beherrschen und ihren Zorn anders ausdrücken können. In dem Alter, von dem wir hier reden, dürfen sie es nicht mehr. Erwachsene dürfen es nie.

Beachten Sie

Jedes Schlagen eines Kindes, auch der Klaps, der Katzenkopf, die Ohrfeige, ist ein unzulässiger Angriff auf die Würde eines Kindes. Ich weiß, daß es im Zorn trotzdem vorkommt, aber pädagogisch vertretbar oder sinnvoll ist es nie. Es verlangt immer ein klärendes Gespräch und eine förmliche Entschuldigung.

Was in so einem spontanen Wutausbruch über die Zunge rutscht, sollte dagegen nicht auf die Goldwaage gelegt werden. Es darf nicht wörtlich genommen werden, ist meistens auch nicht persönlich gemeint. Es ist mehr Ausdruck einer Befindlichkeit als gezielter Angriff.

Ob deftige Schimpfworte akzeptabel sein sollen, müssen Sie entscheiden. Solche Schimpfworte erleichtern, ohne zu verletzen, wenn sie nicht auf eine besonders empfindliche Stelle zielen. So ist nach meinem Empfinden die »blöde Kuh« oder der »alte Arsch« vertretbar, der »Spasti«, die »fette Gans« dagegen nicht. Aber das mag jeder anders sehen.

Manch einen erleichtert es, mit der Faust auf den Tisch zu hauen, etwas an die Wand zu werfen oder heftig mit den Türen zu knallen. Manche Türen, manche Nachbarn vertragen das, andere wieder nicht. Aber geben muß es solche Ventile, was immer bei Ihnen üblich sein mag.

Dritte Regel

> Mit gleichen Waffen kämpfen.

Sie können sich für die Regeln eines fairen Zweikampfes auch am Sport orientieren. Da wird dafür gesorgt, daß die Beteiligten mit gleichen Waffen kämpfen. Beim Boxen tritt kein Federgewichtler gegen die Fäuste eines Schwergewichtlers an. Außerdem werden gefährliche Waffen entschärft, damit sie nicht ernsthaft verletzen, wie die abgerundeten Spitzen beim Fechten zeigen.

Wenn Sie sich ein Duell mit einem Kind liefern, müssen Sie sich in der Wahl der Waffen auf seine Möglichkeiten einstellen. Es ist unfair, jemanden, der ungeschickt argumentiert, mit Spitzfindigkeiten einzufangen. Es ist gemein, jemanden, der bei Aufregung kaum Worte findet, leicht ins Stottern gerät, mit ätzenden Wortkaskaden zu überschütten oder gar wegen seiner Sprachlosigkeit zu hänseln. Aber das gehört schon zum nächsten Punkt.

Lassen Sie sich nicht zu Spitzfindigkeiten hinreisen.

Vierte Regel

Auch im Zorn – keine Schläge unter die Gürtellinie!

Im Sport sind Tritte, Schläge, Stöße gegen besonders empfindliche Körperteile verboten. Jeder Mensch hat sozusagen seine persönliche seelische Gürtellinie. Darüber kann er Püffe ertragen, empfindet sie nicht als unfair. Darunter aber ist er sehr empfindlich. Unter der Gürtellinie verbirgt er seine besonders verletzlichen Stellen.

Schwachstellen sind bei Auseinandersetzungen tabu.

Wenn man in einer Familie eng zusammenlebt, dann kennt man diese verletzbaren Stellen der anderen natürlich recht genau – Schwächen, Minderwertigkeitsgefühle, alte Wunden, an die keiner rühren darf. Es ist ja gerade ein Zeichen von Vertrauen, daß man anderen auch diese Schwachstellen offenlegt. Um so unverzeihlicher ist es, im Falle einer aggressiven Auseinandersetzung dieses Vertrauen zu mißbrauchen und die Schwachstellen gezielt anzugreifen.

Jugendliche neigen dazu, ihre Gürtellinie gewissermaßen bis über die Ohren hochzuziehen, empfindlich wie eine Mimose gegen jeden Hauch von Kritik. Aber nur im Empfangen von Schlägen wohlgemerkt, nicht im Austeilen. Das ist für eine Weile mühsam und für die Eltern auch ungerecht. Aber zum Glück geht es ja mit wachsendem Selbstbewußtsein vorbei.

Das Selbstbewußtsein eines Menschen darf in einem fairen Streit nicht angegriffen werden. Er darf nicht lächerlich gemacht oder durch geschicktes Argumentieren in die Enge getrieben werden. Sonst läßt er, wie ich das in einem früheren Kapitel genannt habe, das Visier herunter, und ein Austausch, der Einsicht weckt, ist nicht mehr möglich, nur noch Verteidigung oder der Gedanke an Rache.

Der in seinem Selbstbewußtsein Angegriffene läßt sich womöglich, verletzt wie er ist, zu einem besonders gemeinen Gegenangriff hinreißen, der die Atmosphäre vollends vergiftet und den Streit in ein Gemetzel ausarten läßt.

Angriffe auf empfindliche Stellen machen es Jugendlichen besonders schwer, sich an gute Vorsätze zu halten. Nehmen wir an, Ihr Sohn hat aus einem früheren Streit die Erkenntnis gewonnen, daß er sich in seinen Ausdrücken mäßigen muß. Wenn Sie ihn aber in die Enge treiben, wird er doch wieder in die Kiste mit den Kraftausdrücken greifen, denn er will sich rächen, und er weiß ja, wie sehr Sie das ärgert. Sie machen es ihm leichter, wenn Sie ihn nach so einem Anfall von Einsicht besonders rücksichtsvoll behandeln.

Ähnlich wie im Boxsport sollte es auch beim Streiten neutrale Ecken geben. Wer sich dorthin zurückzieht, wird in Ruhe gelassen, es darf nicht »nachgetreten« werden.

Wenn Ihre Tochter nach einem heftigen Wortwechsel heulend und türenknallend in ihrem Zimmer verschwindet, sollten Sie sie erst mal in Ruhe lassen, ihr nicht nachsteigen, um auch noch den Rest Ihres Unmuts loszuwerden. Sie braucht diesen Abstand, um sich keine weitere Blöße zu geben, sich erst mal zu beruhigen und neu zu sortieren. Und Ihnen geht es sicher manchmal auch so.

> Schaffen Sie beim Streiten eine »neutrale Ecke«.

Fünfte Regel

> Keine Charakteranalysen.

Es ist im Grunde ein Griff nach ungleichen Waffen, wenn Überlegene einen Streit benutzen, um Spitzfindiges über die unbewußten Motive oder Charaktereigenschaften ihres Gegenübers von sich zu geben.

— »In Wirklichkeit bist du ja bloß eifersüchtig, weil ich das besser kann als du.«

- »Du versuchst ja nur, dich zu drücken, weil dir das alles zu anstrengend ist.«
- »Du machst dir ja nur selbst etwas vor.«

Was soll der andere Ihnen denn darauf antworten? Selbst wenn an Ihrer Analyse was dran ist – daß Sie sie in dieser Weise äußern, macht es ihm ja geradezu unmöglich, selbst zu dieser Einsicht zu kommen. Also ist Ihr Ziel nicht, Einsicht zu wecken, sondern die Überlegenheit zu behalten, indem Sie zeigen: »Ich durchschaue dich, ich kenne dich besser als du selbst.« Und das ist nicht fair.

Sechste Regel

> Kein Griff nach alten Hüten.

Wenn Sie sich streiten, sollten Sie die Ärgernisse behandeln, die frisch sind. Das ist sinnvoll, damit solche Streitpunkte nicht weiterhin das Zusammenleben belasten, damit Weichen anders gestellt werden können. Wenn Sie aber bei jedem Streit die alten Geschichten von anno dunnemals aufwärmen, dann wird aus der sinnvollen Auseinandersetzung ein unfruchtbarer Schlagabtausch, der nur alten Ärger neu aufrührt.

Ein Beispiel

Nehmen wir an, Sie streiten mit Ihrem Partner, weil er (oder sie) die Termine für die gemeinsame Urlaubsreise festgelegt hat, ohne das vorher mit Ihnen zu besprechen. Ziel einer solchen Auseinandersetzung muß sein, daß das in Zukunft nicht wieder vorkommt, weil Sie an solchen Entscheidungen beteiligt werden wollen. Wenn Sie Ihrem Partner jetzt aber vorwerfen, damals vor zwei Jahren habe er das genauso gemacht, wird er Ihnen womöglich entgegnen, das sei nicht wahr, damals habe er sehr wohl vorher mit Ihnen darüber geredet. Oder er erklärt, vor drei Jahren hätten Sie einfach Quartier im Fichtelgebirge gebucht, wo er gar nicht hinwollte. Und dann können Sie stundenlang darüber streiten, ob, wann, bei welcher Gelegenheit das wohl gewesen sein soll oder wer da mal wieder sich was in die eigene Tasche lügt. Was soll das bringen außer gegenseitiger Verärgerung? Bleiben Sie also in der Gegenwart und richten Sie den Blick auf die Zukunft und auf das, was sich da ändern soll.

Im Umgang mit Jugendlichen ist so ein Mottenkistenstreit besonders unfruchtbar, weil sie sich so schnell verändern. Sie sind heute nicht mehr dieselben wie vor einem Jahr, sie haben andere Interessen, Vorlieben, Meinungen. Deshalb ist es besonders unfair, ihnen Fehler vorzuwerfen, die sie vor einem Jahr oder gar noch früher gemacht haben.

> Manchen Streit muß man bewußt anfangen.

Siebte Regel

Viele Streitereien passieren einfach so. Ein Wort gibt das andere, bis einer hochgeht. Das ist nicht vermeidbar, aber nicht immer günstig. Eine schwierige Grundsatzdebatte kurz bevor der eine verreisen muß, ein Ehekrach gerade, wenn einer sowieso schon angeschlagen ist – das hat leicht Folgen, die keiner wollte.

Deshalb ist es manchmal besser, ein Streitgespräch über ein schwelendes Thema bewußt anzufangen, wenn der Zeitpunkt für eine faire Auseinandersetzung günstig erscheint. Es ist genug Zeit vorhanden, alle Beteiligten sind in guter Verfassung.

Man kann in einer entspannten Atmosphäre auch lustvolle Streitgespräche führen, in denen jeder die eigenen Positionen oder die Ausfälle gegen den anderen stilisiert und übertreibt, nicht so ganz ernst gemeint, aber doch ein bißchen. Das setzt aber voraus, daß jeder die Position des anderen grundsätzlich achtet, Humor und Spaß an solchen Duellen hat, sich nicht leicht auf den Schlips getre-

Wenn man die Regeln einhält, kann sogar Spaß am Streitgespräch aufkommen.

89

ten fühlt. Wo das in Familien Tradition hat, haben meist alle Spaß und Gewinn dabei. Hier kann in lockerer Form manches angesprochen werden, was sonst im Untergrund grummelt.

Für Menschen, die in Streitgesprächen Mühe haben, fair zu bleiben, kann es sinnvoll sein, dringende Gespräche in Anwesenheit Dritter – vor Freunden oder auch vor professionellen Helfern in einer Beratungsstelle – zu führen. Die übernehmen es dann, auf die Einhaltung der Regeln zu achten, damit jeder zu seinem Recht kommt und keiner verletzt wird. Vor Dritten landet auch keiner so leicht Tiefschläge, versucht jeder, sich mehr zu disziplinieren.

Es kann auch viel zur Klärung eines Streitpunktes beitragen, wenn jeder der Streitenden sich so auszudrücken versucht, daß auch die Unbeteiligten verstehen, worum es geht. Untereinander setzt man leicht zu viel als bekannt voraus, schweift ab oder greift in die Kiste mit den alten Hüten.

Achte Regel

> Schweigen ist schlimmer als Streiten.

»Ich will mich ja nicht streiten, aber...«, so fängt mancher einen konstruktiven Streit an.

Bei anderen klingt das anders. »Ich will mich nicht streiten«, antworten sie auf eine provokative Bemerkung, und dann igeln sie sich ein und schweigen beharrlich.

Beachten Sie

> Aber diese Methode ist nicht weniger feindselig als eine aggressive Antwort, weil sie dem, der den Streit sucht, die Möglichkeit der Auseinandersetzung einfach entzieht. Er bleibt mit seinem Ärger im Regen stehen, läuft gegen eine Wand.

Spielarten dazu sind stunden- oder gar tagelanges Belei-
digtsein, der vielsagende Griff in die Herzgegend oder der
leidvolle Gesichtsausdruck mit den zerdrückten Tränchen.
Das ist psychologische Kriegführung, der besonders Kinder nicht gewachsen sind. Sie spüren in solchen Situationen mehr denn je ihre Abhängigkeit von Wohlwollen und
Zuwendung der Eltern und machen dann oft verzweifelte
Bemühungen, den Haussegen wieder geradezukriegen
(was ja wohl auch bezweckt war).

Bei älteren Jugendlichen müssen Sie allerdings damit rechnen, daß sie diese Technik durchschauen und Ihnen sehr
scharf und verletzend sagen, was sie davon halten. Denn
wenn sie durch solche Methoden auf ihre Abhängigkeit
gestoßen werden, wenn sie spüren, daß sie zu Befrie-
dungsgesten genötigt werden sollen, reagieren sie besonders empfindlich.

Wer sich mit solchen Methoden der offenen Auseinandersetzung entzieht, wer nicht geradeheraus für seine Wünsche und Bedürfnisse streitet, der sucht sein Heil oftmals
in der Politik kleiner Nadelstiche, kleiner, aber andauern-
der spitzer Bemerkungen und Andeutungen, um sich doch
noch durchzusetzen. Die anderen können versuchen, sich
dagegen ein dickes Fell wachsen zu lassen, auf dem entsprechenden Ohr möglichst taub zu werden. Das vergiftet
chronisch die Atmosphäre, verbessert aber nichts.
   Sagen Sie lieber gleich klipp und klar, was Sie fühlen,
denken, wollen. Dann müssen die anderen reagieren,
dann kann sich was verändern.

	Neunte Regel
Keine Familiendramen, keine schwarzen Schafe.	

Manche Familienstreitigkeiten laufen wie nach einem geheimen Regieplan immer wieder in gleicher Weise ab. Ein

neutraler Beobachter könnte bald ziemlich genau voraussagen, was wer gleich wieder sagen oder tun wird, wie wer darauf reagieren wird. Auch die Betroffenen bemerken diese Zwangsläufigkeit oft und empfinden sie als quälend, können aber nichts dagegen tun. Solche Familiendramen führen nicht zu konstruktiven Lösungen.

Jeder hat in ihnen seine feste Rolle, das Verhalten jedes einzelnen ist auf die voraussehbaren Reaktionen der anderen ausgerichtet. Das passiert bevorzugt an fixen Punkten im Familienalltag, bei denen alle in gewohnter Form zusammenkommen, zum Beispiel beim sonntäglichen Mittagessen. Das läuft dann ungefähr so ab:

Ein Beispiel

Der Jüngste, im Flegelalter und deshalb wegen seines rüpelhaften Benehmens oft kritisiert, liegt auf der Lauer, um seine älteren Geschwister auch mal vor Zeugen bei schlechtem Benehmen zu ertappen. »Tina, man spricht nicht mit vollem Mund!« »Jockel, nimm dir nicht gleich das größte Stück!« »Elmar, stütz dich nicht auf den Ellenbogen auf!« Wenn er nicht genug Aufmerksamkeit damit erregt, legt er immer noch einen Zahn zu. Schließlich geben die Geschwister in gleichem Ton zurück, es entbrennt ein Streit darum, wer sich schlechter benimmt. Die Mutter ruft alle zur Ordnung, wird schließlich wütend, weil vor lauter Streiterei keiner mehr merkt, was er eigentlich ißt. »Wozu mache ich mir eigentlich die Mühe, wenn ihr doch nur dasitzt und streitet?« Der Vater greift irgendwann seinen Teller und verschwindet türenknallend, weil er in einem solchen Affenstall nicht essen kann.

Wenn das einige Male so gegangen ist, erwarten alle schon, daß es gleich wieder losgeht, sobald sie sich an den Tisch setzen. Ob sie sich nun krampfhaft bemühen, ein unverfängliches Thema zu finden oder gleich das nötige Stichwort liefern, irgendwann sticht einen der Hafer, und es geht wieder los.

Keiner ist an diesen Familiendramen unbeteiligt. Trotzdem passiert es leicht, daß einem die Rolle des Schwarzen Schafes zugeschrieben wird, dessen, der immer anfängt, der jede Mahlzeit verdirbt, der sich nicht benehmen kann. Der empfindet das als ungerecht und wehrt sich auf seine Weise. Oder er akzeptiert die Rolle schließlich und richtet sich damit ein. Immerhin ist sie eine hervorgehobene Position mit vielfältigen Möglichkeiten, sich Geltung zu verschaffen, wenn auch nicht gerade auf angenehme Weise.

Schieben Sie niemand die Rolle des schwarzen Schafes zu.

Solche Aufführungen sind deshalb so ermüdend, weil eigentlich nicht das ausgesprochen wird, was ansteht. Um das an meinem Beispiel zu verdeutlichen:

Auswertung

- Der Jüngste hat das Gefühl, von den anderen nicht für voll genommen zu werden. Er sucht ständig nach Möglichkeiten, sich aufzuwerten.
- Die Geschwister fühlen sich gegen den kleinen Kläffer nicht ausreichend in Schutz genommen. Es kränkt sie, wenn sie mit ihm in einen Topf geworfen werden.
- Die Mutter ärgert sich darüber, daß sie allein fürs Essen zuständig ist. Wenn dann ihre Mühe nicht mal entsprechend gewürdigt wird, wird sie sauer.
- Der Vater ist mit dem Benehmen seiner pubertierenden Kinder zutiefst unzufrieden. Er hatte sich das alles ganz anders vorgestellt.

Über diese Themen müßte gestritten werden, nicht über angemessene Tischsitten.

Wenn man selbst an solchen Familiendramen beteiligt ist, ist es oft nicht so einfach, die Rollen der Einzelnen und den geheimen Regieplan zu durchschauen. Später, im Abstand von einigen Jahren, gelingt einem das viel besser. Das ist der Grund dafür, daß man später, wenn die Kinder erwachsen sind, gemeinsam über diese Aufführungen lachen kann. Außerdem hat man dann schon die beruhigende Erfahrung gemacht, daß trotz allem akzeptable Menschen aus ihnen geworden sind.

Wenn Sie so eine quälende Aufführung vom Spielplan absetzen möchten, aber nicht genau wissen, was da eigentlich gespielt wird, können Sie nach einer einfachen Faustregel vorgehen:

Reagieren Sie anders, als Ihre Rolle vorsieht.

Ich sagte, das Verhalten jedes Einzelnen ist auf die voraussehbaren Reaktionen der anderen ausgerichtet. Reagiert aber einer anders als vorhergesehen, bringt er folglich das ganze Spiel durcheinander. Da auch Sie eine feste Rolle in dem Spiel haben, müssen Sie anders reagieren, als Sie es spontan am liebsten täten und üblicherweise tun, denn dieses Übliche ist im Regieplan vorgesehen.

Es ist nicht unbedingt wichtig, was Sie tun, nur anders muß es sein. Dann kommt wieder Lebendigkeit in die Aufführung, dann wird vielleicht auch deutlicher, worum es eigentlich geht, dann kann vielleicht über das Wesentliche gestritten werden.

Zehnte Regel

> Die Scherben gemeinsam beseitigen.

Sicher wird es Ihnen nicht immer gelingen, alle diese Regeln einzuhalten, wenn Sie so richtig wütend sind. Da greift man denn doch schon mal nach unfairen Waffen. Und hinterher, wenn man sich abgeregt hat, tut es einem leid, ist es einem unangenehm. Aber dann kann man doch gemeinsam noch einmal darüber reden. Jeder erhält die Chance, zurückzunehmen oder geradezurücken, was er so eigentlich nicht gemeint hat. Damit nicht Narben zurückbleiben, die noch lange wehtun.

Hier ist dann auch Gelegenheit, noch einmal in Ruhe zu erklären, was die Beteiligten eigentlich so wütend gemacht hat, und wie man das in Zukunft vermeiden könnte.

Manchmal genügt es aber auch, wenn man sich gegenseitig eine Amnestie einräumt. Dampf abgelassen, Problem deutlich gemacht, Schlußstrich drunter, erledigt.

Vielleicht entwickelt sich dafür auch in Ihrer Familie ein gewisses Ritual. Wenn der Zorn verraucht ist, grinst man sich gegenseitig an, streckt sich die Zunge heraus oder sagt irgend etwas, was dieser Situation vorbehalten ist. Und dann lacht man die letzten Wolken einfach gemeinsam weg.

Zum Schluß sollte es, und das ist der entscheidende Unterschied zum sportlichen Wettkampf, möglichst keine Sieger und keine Besiegten geben, sondern zwei oder mehr Menschen, die Unmut ablassen konnten und einander etwas nähergekommen sind.

Beachten Sie

> Ziel eines fairen Streites ist nicht, zu gewinnen, zu triumphieren, zu verletzen oder gar niederzumachen, sondern dem anderen den eigenen Ärger zu zeigen und zu erklären, für ein strittiges Thema eine Lösungsmöglichkeit zu finden. Deshalb kann Nachgeben manchmal genauso befriedigend sein wie Sichdurchsetzen, zum Beispiel, weil man jetzt die Position des anderen besser versteht.

Gerade wenn sich Jugendliche unausstehlich benehmen, kann es verführerisch sein, die eigene Macht auszuspielen nach dem Motto: »Solange du die Beine unter meinen Tisch steckst, bestimme ich, wo es langgeht« oder ihnen einfach den Geldhahn zuzudrehen. Das schafft vielleicht vorübergehend Befriedigung, ist aber ein Scheinsieg, der auf Dauer keine Freude bereitet. Das heimliche Zähneknirschen der so Unterjochten zerstört die Zuneigung, läßt sie nur noch vom Tag der Trennung träumen. Und dann werden ehemals Mächtige leicht einsam.

Spielen Sie nicht die eigene Macht aus!

So sehr ich mich dafür einsetze, daß in einer lebendigen Familie gestritten werden muß, so ist Streit andererseits natürlich kein Wert an sich. Es gibt ermüdende und fruchtlose Streitereien, die möglichst vermieden werden sollten. Beispiele sind die Familiendramen, die ich beschrieben habe.

Oft entstehen solche Streitereien dadurch, daß die einzelnen Familienmitglieder zu dicht aufeinander hocken, daß sie nicht den optimalen Abstand zueinander halten können.

Tip

> Der **optimale Abstand** ist der, bei dem sich alle am wohlsten fühlen. Dicht genug, damit man es warm und gemütlich hat, weit genug, damit jeder sich bewegen kann, ohne beim anderen gleich anzuecken.

Das können Sie rein räumlich verstehen. Eine zu enge Wohnung kann den Aggressionspegel in einer Familie gefährlich anheben. Manche Geschwister kommen gleich viel besser miteinander aus, wenn man jedem ein eigenes Zimmer zugestehen kann.

Aber auch im übertragenen Sinne gibt es einen optimalen Abstand. Der muß mit zunehmendem Alter der Kinder immer größer werden. Eltern können manchen unfruchtbaren Streit vermeiden, wenn sie sich nicht mehr um jeden Quark kümmern, sich nicht in alles einmischen. Wenn sie den Kindern Freiräume lassen, in denen sie selbst die Maßstäbe setzen, Entscheidungen treffen, sich beweisen können.

Suchen Sie sich neben der Erziehung noch andere Lebensinhalte.

Das zu tolerieren fällt Eltern leichter, die langsam aufhören, im Großziehen der Kinder ihren wichtigsten Lebensinhalt zu sehen, die sich wieder mehr Zeit für eigene Interessen und erwachsene Partner und Freunde nehmen. Aber davon wird im letzten Kapitel (s. Seite 157ff.) noch einmal die Rede sein.

KAPITEL 7

Gute Ratschläge sind ätzend

Eltern haben ihren Kindern viele Erfahrungen voraus. Sie möchten den Kindern das Leben erleichtern, indem sie ihnen diese Erfahrungen weitergeben, ihnen nicht zumuten, die gleichen Irrwege noch einmal zu gehen, die gleichen Fehler noch einmal zu machen. Das kann doch, so meinen sie, Zeit und Energie sparen. Aber die Kinder sehen das meistens anders.

Erfahrungen muß man selbst machen

Wenn wir den Einjährigen an einem Schraubverschluß zotteln sehen, möchten wir ihm gern zeigen, wie man ihn öffnet. Er aber schiebt unsere Hand ärgerlich beiseite und zottelt weiter.

Wenn wir der Achtjährigen das korrekte Kniffen von Karton vormachen wollen, damit das krumpelige Gebilde, das sie da gerade zusammenklebt, eine ordentliche Schachtel wird, ist sie nicht dankbar, sondern krötig.

Der Mensch lernt aus Erfahrungen.

Kinder hassen den Satz: »Guck mal, das mußt du so machen.« Sie wollen es lieber selbst probieren. Auch auf die Gefahr hin, daß etwas nicht so perfekt wird, wie wenn es ein Erwachsener gemacht hätte. Und sie haben recht damit. Der Mensch lernt aus Erfahrungen, aber bevorzugt aus den eigenen.

Das trifft auch für Sie zu. Es kann Ihnen einer noch so gut erklären oder vormachen, wie man Auto fährt oder Texte auf einem PC schreibt; um es zu lernen, müssen Sie es selbst probieren.

Und auch manche Fehler müssen Sie erst selbst machen, um zu begreifen, wie wichtig ihre Vermeidung ist. Erst das böse Knirschen im Getriebe Ihres Autos bringt Ihnen bei, den Ganghebel sauber zu führen, erst ein schmerzhafter »Bauchklatscher« am Badesee macht Ihnen klar, warum man so nicht ins Wasser springen sollte.

Beachten Sie

> Etwas auszuprobieren ist eine höchst kreative Beschäftigung. Man lernt viel auch an den vergeblichen oder mißlungenen Versuchen.

Wer einen Rat befolgt, ohne verschiedene Möglichkeiten selbst ausprobiert zu haben, kann nie sicher sein, ob nicht ein anderer Weg genauso gut oder vielleicht sogar besser gewesen wäre. Nur wer auch Irrwege einschlagen darf, wird sicher sein, daß der schließlich gewählte Weg der bessere war.

Ein Beispiel

Viele Eltern quälen sich damit, ihre lernmüden Kinder in der Pubertät von Schuljahr zu Schuljahr bis zum Abitur zu treten. Und die hängen dann später oft lustlos in einem Job, der ihrer Meinung nach überhaupt nicht ihren Wünschen entspricht, machen ihren Eltern deswegen Vorwürfe. Die Eltern empfinden das nach all der Schinderei als groben Undank.

Arbeitgeber schätzen im allgemeinen Leute, die zu Abitur und Berufsausbildung oder Studium auf dem Zweiten Bildungsweg gekommen sind. »Die sind viel zielstrebiger und wissen, was sie wollen«, heißt es als Begründung.

Was gut ist für den einen, muß nicht gut sein für den anderen

Nun ist es ja nicht so, daß Eltern immer den einzig richtigen Weg kennen, den sie dann ihren Kindern weiterempfehlen. Sie kennen einen, mit dem sie gute Erfahrungen gemacht haben.

Beachten Sie

> Es gibt Erfahrungen, die zeitlos oder sehr lange gültig sind, und andere, die sich mit den Zeitläufen ändern oder nur unter bestimmten Bedingungen anwendbar sind. Oder es ist gleich Ansichtssache, ob man diesen oder jenen Weg für den richtigen hält.

Für den Umgang mit Schraubverschlüssen gibt es wahrscheinlich nur den einen Weg, und sollten unsere Nachfahren in späteren Jahren noch Schraubverschlüsse haben, werden sie sie sicher genauso handhaben wie wir. Es sei denn, es wird eines Tages Standard, in anderer Richtung auf- und zuzuschrauben. Dann taugt unser Rat auch nicht mehr viel.

Ob eine Schachtel immer rechteckig sein muß, ist schon Ansichtssache. Ob das Abitur die beste Voraussetzung für befriedigende und erfolgreiche Berufstätigkeit ist, erst recht.

Vielen Menschen fällt es schwer, überhaupt zu sehen, daß es für eine Sache mehrere Möglichkeiten, mehrere Wege, mehrere Sichtweisen geben kann. Sie gehen davon aus, daß es nur eine mögliche, richtige Sicht der Dinge gibt, und das ist ihre eigene, die sie sich aufgrund ihrer Erfahrungen gebildet haben. Deshalb ist ihre Art zu raten auch die, daß sie Jüngeren, weniger Erfahrenen zeigen wollen, »wie es richtig ist«.

Akzeptieren Sie auch andere Sichtweisen einer Sache.

Vorsicht

> Wenn Eltern häufig Redewendungen gebrauchen wie: »Das siehst du falsch«, »Da hast du unrecht«, »Wie kommst du denn auf den Unsinn?«, liegt der Verdacht nahe, daß sie die eigenen Ansichten für die einzig möglichen halten, daß sie ihren Kindern mit ihren Ratschlägen einengende Grenzen setzen.

Wir Erwachsenen haben uns aus guten und bösen Erfahrungen, aus bewährten Ansichten und Gewohnheiten ein **festes Gerüst** gezimmert, das uns das Leben erleichtert und uns ermöglicht, auch auf neu auftauchende Probleme schnell eine schlüssige Reaktion parat zu haben.

Weil hier alles so gut zueinander paßt, weil es sich damit gut leben läßt, halten wir dieses Gerüst für »richtig«. Und wir möchten unsere Kinder mit auf dieses Gerüst ziehen, damit auch sie dort sicher leben können.

Unser Gerüst besteht aus vielen einzelnen Bauelementen, einzelnen Erfahrungen und Überzeugungen. Einige sind sehr grundsätzlich, sie tragen das Ganze. Würde daran gerüttelt, müßten wir fürchten, das Ganze stürzt ein. Andere sitzen mehr an der Oberfläche, es stört uns nicht so sehr, sie auch mal auswechseln zu müssen.

Ich nenne mal so ein paar Bausteine, die im Erfahrungs- und Überzeugungsgerüst vieler Eltern vorkommen. Sie selbst müssen beurteilen, ob sie auch für Sie gelten, wie weit unten sie in Ihrem Gerüst sitzen, wie weit sie das Ganze tragen:

Bausteine unseres Gerüstes

- Schöne Musik muß harmonisch sein.
- Haare dürfen nicht grün sein.
- Wer ins Theater geht, zieht sich ordentlich an.
- Man geht nicht mit jemandem ins Bett, den man kaum kennt.
- Ein Mädchen, das ständig den Partner wechselt, taugt nichts.

- Eine gute Berufsausbildung ist für einen Mann wichtiger als für eine Frau.
- Studieren ist die beste Möglichkeit, einmal eine gesicherte Position zu finden und viel Geld zu verdienen.
- Heiraten ist solider als einfach so zusammenzuleben.
- Kleinkinder sind bei ihrer Mutter am besten aufgehoben.

Wenn ein Mensch eine ganz und gar unerwartete, eine sein ganzes Gerüst erschütternde Erfahrung macht, sagt man: »Für ihn ist eine Welt zusammengebrochen.«

Wenn unsere heranwachsenden Kinder etwas anders machen wollen, als wir das für richtig halten, wenn sie einzelne unserer so gut ineinandergefügten Bauelemente in Frage stellen, ist das, als rüttelten sie an unserem Gerüst und brächten damit uns und sich selbst in Gefahr. Deshalb reagieren wir oft so heftig auf solche Versuche, deshalb versuchen wir die Kinder durch gute Ratschläge davon abzuhalten. Deshalb können wir die Einwände und Argumente junger Leute oft gar nicht sachlich prüfen, weil wir, je weiter unten der in Frage gestellte Baustein sitzt, vor allem mit der Rettung unseres eigenen Gerüstes beschäftigt sind.

Bringen Heranwachsende unser Gerüst in Gefahr?

Das macht uns in Auseinandersetzungen oft recht unbeweglich und bringt unsere Kinder leicht zu der Ansicht: »Meine Mutter ist stur. Ihre Ansichten sind total von gestern.« Wir dagegen sehen das anders: »Keine Ahnung, diese Göre, aber sich einbilden, sie weiß alles besser.«

Jeder Mensch will Urheber seines Geschickes sein

Jeder Mensch braucht das Gefühl, selbst etwas zu verursachen, zu bewirken, zu entscheiden. Wenn er immer nur nachmachen soll, was andere ihm raten, wird dieses Bedürfnis nicht befriedigt. Das ist der Grund dafür, daß der Einjährige uns nicht an seinen Schraubverschluß lassen will, daß die Achtjährige unseren Bastelbeistand ablehnt, daß ältere Kinder und Erwachsene ungern nur Handlangerdienste leisten, sondern lieber eine Sache in eigener Entscheidung zu Ende bringen wollen. Sie möchten, wenn sie fertig sind, das schöne Gefühl haben: »Das habe ich gemacht!« Jeder noch so gut gemeinte Ratschlag entwertet diesen Erfolg.

Aber unsere Erwachsenenkultur besteht fast nur noch aus mehr oder weniger verbindlichen Ratschlägen und Vorschriften. Alles ist schon da und schon geregelt. Für Kreativität und Urhebererlebnisse findet sich dabei kaum noch Platz.

Für kleine Kinder gibt es wenigstens noch den Buddelplatz, wo sie Kuchen backen, Straßen und Höhlen aus Sand bauen und wieder einreißen können. Abenteuer für Große, Gelegenheiten, was zu bewirken, was zu schaffen, was zu verursachen – wo denn?

Zerstörung ist oft Ersatz für Kreativität.

    In ihrem Frust weichen viele auf zerstörerische »Heldentaten« aus: S-Bahnwagen verwüsten, Scheiben einschmeißen, alles mit Sprühfarbe verunzieren, was ihnen vor die Dose kommt. Trauriger Ersatz, aber immer, wenn sie daran vorbeikommen, wissen sie: »Das habe ich gemacht!«

Immer wenn wir unseren Kindern zu etwas, das sie tun wollen, einen Rat geben, nehmen wir ihnen noch ein bißchen mehr das Gefühl, Urheber ihres eigenen Handelns zu sein, selbst über ihr Handeln entscheiden zu können. Ihre Reaktion darauf kann dann Formen annehmen, die wir so jedenfalls nicht gewollt haben. Gerade gegen das, was wir ihnen geraten haben, sperren sie sich. Sie machen es lieber anders, selbst wenn das unvernünftig ist. Aber es ist dann ihre Lösung.

Erfahrungen für morgen

Die Kinder wollen sich ihr eigenes Erfahrungsgerüst bauen, und wir müssen es ertragen lernen, daß sie einige Jahre lang auf einem instabilen, schwankenden Gebilde herumturnen.

Das hat auch nicht nur Nachteile. Da ihr Gerüst noch so unfertig ist, sind junge Leute viel beweglicher. Sie können sich viel leichter **neuen Entwicklungen** anpassen, schnell neue Paßstücke in ihr Gerüst einbauen oder wieder hinauswerfen. Und das brauchen sie, da sie sich zukünftigen, schwer voraussehbaren Entwicklungen anpassen müssen.

Was das für Entwicklungen sein werden, können wir nicht wissen. Wenn es jemand wissen oder ahnen kann, dann die jungen Leute noch eher als wir. Sie nehmen neue Trends im Verhalten und Zusammenleben der (jungen) Menschen eher wahr, wachsen in neue technische Entwicklungen selbstverständlicher hinein. Denken Sie nur an den Umgang mit Computern, die manchem älteren Menschen geradezu bedrohlich erscheinen.

Beachten Sie

> Junge Leute haben ganz andere zeitliche Perspektiven als wir.

Sie haben keine Angst vor Computern, dafür haben sie zum Beispiel Angst vor dem Waldsterben und dem Ozonloch. Wir sind in einer Zeit aufgewachsen, in der üppige Wälder selbstverständlich waren und strahlende Sonne eine fast uneingeschränkte Wohltat. Wir tun uns schwer damit, nachträglich einzusehen, wie groß die neuen Gefahren sind. Sie werden ja wahrscheinlich auch erst zu einer Zeit zur ernsthaften Bedrohung, wenn wir schon lange tot sind. Die Jugendlichen wachsen mit diesen veränderten Perspektiven auf, sie überschatten ihre Zukunft.

Helfen ohne zu bevormunden

Das heißt nun nicht, daß wir unsere Erfahrungen überhaupt nicht mehr weitergeben können, daß wir unbeteiligt zusehen sollen, wie unsere Kinder ihre kleinen und großen Fehler machen.

Unbeteiligt sowieso nicht. Das verlangt niemand. Aber wir können an ihren Erfolgen und Mißerfolgen Anteil nehmen, ohne uns ungebeten in alles einzumischen.

Manchmal brauchen sie einfach »einen Schrank zum Vollquatschen«. Sie wollen berichten, was passiert ist, wer was gesagt oder getan hat und was ihrer Meinung nach dahinterstecken könnte.

Allein die Tatsache, daß sie uns eine komplizierte Angelegenheit zu erklären versuchen, hilft ihnen schon, ihre Gedanken zu sortieren und zu klären, hilft ihnen, der Lösung ihres Problems näherzukommen, ohne daß wir mehr tun müssen als aufmerksam zuzuhören und ein paar klärende Fragen zu stellen.

Beachten Sie

Wir geben unseren Kindern auch Hilfestellung, wenn wir ihnen das, was wir für gut und richtig halten, vormachen, einfach so, ohne sie zum Nachmachen zu überreden. Wir lassen ihnen die Freiheit, selbst zu entscheiden, ob sie das, was wir vormachen, für nachahmenswert halten oder nicht. Je überzeugender wir unser eigenes Leben gestalten, je besser unsere Beziehung zu den Kindern ist, desto eher werden sie bestimmte Haltungen und Verhaltensweisen von uns übernehmen. Vielleicht nicht sofort, aber irgendwann später. Und sicherlich nicht alle.

Natürlich können wir unserem Kind auch raten, wenn es darum bittet. Aber das muß nicht heißen, daß wir ihm eine Verhaltensweise als die beste nahelegen. Wir können ihm gerade dadurch helfen, daß wir gemeinsam mehrere Handlungsmöglichkeiten nebeneinanderstellen, ihre Vor- und Nachteile vergleichen. Wir können die möglichen Folgen zusammen durchspielen, auch die, die das Kind selbst nicht gleich sieht. Und dann können wir es ihm überlassen, die Konsequenz aus all dem selbst zu ziehen.

Schaffen Sie Vergleichsmöglichkeiten für Ihr Kind.

Oft haben wir den Kindern einfach **sachliche Informationen** voraus. Auch die sollten wir nur anbieten, nicht aufdrängen. Was man auf Druck zur Kenntnis nehmen muß, wirkt selten überzeugend, weil man sich dagegen sperrt. Wir dürfen den Kindern also nicht mit unserem überlegenen Wissen auf die Nerven gehen. Es ist noch effektiver, die Kinder dieses Wissen selbst nachprüfen zu lassen – indem wir ihnen zum Beispiel Zeitungsartikel oder ein Buch empfehlen.

Einem Kind effektiv raten kann auch heißen, ihm Mut zu machen für eigene Entscheidungen, ihm die Angst zu nehmen vor Fehlschlägen. Auf die bange Frage: »Soll ich oder soll ich nicht?« mit der Versicherung zu antworten: »Ich stehe zu dir, auch wenn mal was danebengeht.«

Nehmen Sie Ihrem Kind die Angst vor Fehlschlägen.

Manchmal schauen wir wahrscheinlich etwas sehnsuchtsvoll auf Berichte vergangener Kulturen, in denen der Rat der Alten einen hohen Wert hatte und Kinder (oder der gesamte Stammesclan) sich bereitwillig nach dem richteten, was die Alten sagten.

Aber das paßt nur zu starren Gesellschaften, die sich über Generationen kaum verändern. So leben wir nicht mehr. Es geht nicht mehr an, daß die Jungen nur noch von den Älteren lernen. Wenn wir unseren Kindern eine Hilfe sein und uns unsere Selbstachtung erhalten wollen, müssen die Alten und die Jungen gemeinsam lernen.

Tip

> Auch wir müssen das Gerüst unserer Einstellungen und Meinungen immer wieder überprüfen, uns aktiv mit den Ansichten der Jungen auseinandersetzen. Wir müssen akzeptieren, daß wir in vielen Dingen unterschiedlicher Ansicht bleiben werden. Denn wir sind unterschiedliche Menschen aus unterschiedlichen Generationen.

Ebenso wie wir sie nicht zwingen können, unsere Lebensart, unsere Wertmaßstäbe und Meinungen zu übernehmen, müssen wir aber nicht unsere ändern, nur um »modern« zu sein und von jungen Leuten akzeptiert zu werden. Wenn wir unsere Haltungen wirklich aus Überzeugung revidieren – gut. Tun wir es nur aus Opportunismus, wirkt das nicht echt und wird von den jungen Leuten als Anbiederung erlebt.

Trotz alledem werden immer mal wieder Gelegenheiten auftauchen, wo Sie recht sicher sind, die eine und beste Lösung für ein Problem zu wissen, und sich wünschen, Ihr Rat würde ohne lange Debatten einfach so befolgt.

Wenn das eine seltene Ausnahme ist, wenn es Ihnen gelingt, sich ansonsten mit dem Raten sehr zurückzuhalten, so daß Ihre Kinder keine Allergie gegen gutgemeinte Ratschläge entwickeln müssen, wird es wahrscheinlicher, daß das auch klappt. Sie sagen: »Mach das so«, und er oder sie macht es!

Eltern müssen nicht alles wissen

Haben Sie, als Sie vierzehn, fünfzehn, sechzehn waren, Ihren Eltern noch alles erzählt? Sicherlich nicht. Und, hatten Sie dabei ein schlechtes Gewissen? Wahrscheinlich nicht.

Wenn man selbst in dem Alter ist, ist man überzeugt, vieles besser beurteilen zu können, an vielen Stellen elterlichen Rat nicht nötig zu haben. Manchmal möchte man die Eltern wohl auch schonen, weil sie sich so leicht aufregen.

Aus der Elternposition sieht das ein bißchen anders aus. Eltern machen sich Sorgen, daß ihre Kinder irreparable Fehler machen, wenn sie nicht über alles, was so läuft, informiert sind, um notfalls eingreifen zu können. Sie möchten ihren Kindern auch das sichere Gefühl geben, nicht alleingelassen zu werden.

Wer hat nun recht?

Muß einer recht haben?

Ich glaube, es geht hier um zwei unterschiedliche Sichtweisen aus unterschiedlichen Perspektiven, die auch immer so unterschiedlich bleiben werden. Es war schon bei Ihnen so, es ist sicher so bei Ihren Kindern und wird auch in künftigen Generationen so bleiben: Eltern trauen ihren Kindern an Eigenverantwortlichkeit weniger zu als die sich selbst.

Je mehr aber Eltern darauf drängen, alles Wichtige zu erfahren, desto eher werden ihre heranwachsenden Kinder einen Schutzwall um sich aufbauen, in den sie die Eltern einfach nicht hineinlassen.

Bestehen Sie nicht auf Antwort, wenn Ihr Kind nichts sagen will.

Wenn Eltern sich mit Ratschlägen nicht zurückhalten können, werden Kinder ihnen immer weniger erzählen. Wenn Eltern bohren und ausfragen, wenn »darüber möchte ich nicht reden« als Antwort nicht mehr akzeptiert wird und nur noch mehr Beunruhigung auslöst, dann werden die Kinder sie belügen. Denn ihre Autonomie ist ihnen mit zunehmendem Alter wichtiger als die vertrauensvolle Bindung an die Eltern.

Beachten Sie

Eltern müssen sich daran gewöhnen, daß die Zeit der schrankenlosen Intimität mit den Kindern, in der sie ihnen jede Beunruhigung an der Nasenspitze ansahen, vorbei ist.

Jugendliche haben ein Recht auf Intimität. Genau so, wie viele zu Beginn der Pubertät anfangen, die Badezimmertür abzuschließen, weil sie das, was mit ihrem Körper vor sich geht, für sich behalten möchten, genauso hängen sie auch hier und da ein Schloß vor ihre Seele – Eintritt verboten, jedenfalls für Eltern.

Es sind meistens keine schwerwiegenden und verhängnisvollen Dinge, die da verheimlicht werden. Aber wenn ein Mädchen sich zum Beispiel mit ihrem neuesten Schwarm trifft, dann hat sie keine Lust auf Fragen, was denn aus dem vorigen geworden sei, wer denn der Neue sei, ja nicht einmal auf ein vielsagendes Grinsen. Also wird sie der Mutter sagen, sie treffe sich mit einer Freundin.

Wenn sie wild entschlossen ist, bis 23 Uhr auf einer Party zu bleiben, weil der Angebetete auch so lange bleibt, wird sie den Eltern weismachen, der Vater ihrer Freundin, der auch sie abholen soll, könne vor 23 Uhr nicht da sein.

Nehmen Sie Notlügen nicht persönlich.

Eltern tut es weh, wenn sie darauf kommen, daß sie angelogen wurden. Sie sehen das Vertrauensverhältnis zwischen sich und den Kindern in den Staub getreten.

Aber denken Sie bitte an Ihre eigene Jugendzeit zurück. Sie haben das auch gemacht! Da die Sichtweisen so unterschiedlich sind, geht es oft nicht anders. Das sind Notlügen, die auf der gleichen Ebene liegen, als wenn Sie Ihrem Chef weismachen, an dem Tag, an dem Sie Überstunden machen sollten, hätten Sie einen dringenden Arzttermin.

Nehmen Sie solche Notlügen nicht persönlich. Sie sind ein Versuch, die eigene Intimsphäre zu schützen.

Ich denke, daß Sie sogar im Ansehen Ihrer Tochter steigen, wenn sie ihrer Freundin erzählt: »Meine Mutter hat wohl geahnt, daß ich schwindle, aber sie hat nicht weiter nachgebohrt.«

Tip

Wie alt ist Ihre Tochter/Ihr Sohn eigentlich inzwischen? Wie fühlten Sie sich im gleichen Alter? Denken Sie mal genau darüber nach, lassen Sie die Zeit und das, was Sie damals dachten und fühlten, langsam an sich vorüberlaufen.

Sind Sie davon überzeugt, daß Sie in dem Alter, das Ihr Kind jetzt hat, schon viel reifer waren? Ich glaube, das bilden sich alle Eltern ein. Ob es stimmt oder nicht, wird wohl ewig ungeklärt bleiben.

Eltern »vergessen« oft, ihr **Maß an Kontrolle** entsprechend dem zunehmenden Alter der Kinder zu lockern. Solche Lügen erinnern sie daran, daß hier jemand mitteilt: »Komm mir bitte nicht zu nahe!«

Die Tatsache, daß Ihr Kind Sie in dieser Weise belogen hat, sollte Sie also nicht veranlassen, um so dringlicher nach den Ursachen abnehmenden Vertrauens zu gründeln. Eher sollten Sie in Zukunft versuchen, sich allzuviel Anteilnahme und neugierige Fragen zu verkneifen.

> Lockern Sie Ihre Kontrollen, je älter Ihr Kind wird.

Wenn Ihnen das sehr schwerfällt, denken Sie bitte auch daran: Wenn Ihr Kind achtzehn geworden ist, braucht es Ihnen überhaupt nichts mehr zu erzählen, kann es den Kontakt zu Ihnen völlig abbrechen. Sie möchten aber wahrscheinlich auch danach noch ein bißchen Einfluß behalten. Ihr dann erwachsen gewordenes Kind wird Ihre helfende Hand aber eher ertragen, wenn sie nicht auf ihm lastet, wenn sie nichts fordert, sondern nur offengehalten wird als Angebot, sie bei Bedarf zu ergreifen.

8

KAPITEL

Wer bestimmt hier eigentlich?

Eltern sind oft unsicher darin, welche Position sie ihren Kindern gegenüber einnehmen sollen. Müssen die Kinder Respekt haben? Müssen sie gehorchen? Dürfen Eltern Schwäche zeigen, nachgeben? Oder tanzen ihnen die Kinder dann auf der Nase herum?

Sobald Menschen Eltern werden, fühlen sie die Last der Verantwortung auf sich. Sie möchten dem Anspruch genügen, der ihrer Meinung nach an gute Eltern gestellt wird. Und der ist ziemlich hoch. Das macht unsicher.

Beachten Sie

> Wenn Menschen Eltern werden, erlauben sich viele nicht mehr, ganz normale Menschen zu sein – Menschen mit Höhen und Tiefen, mit Stärken und Schwächen, mit eigenen Wünschen und Bedürfnissen. Sie versuchen, über sich selbst hinauszuwachsen, um dieser schwierigen Aufgabe gewachsen zu sein.

Wahrscheinlich sind daran ein Stück weit auch die Psychologen und Pädagogen schuld, die immer wieder betonen, Eltern müßten ihren Kindern Vorbild sein.

Aber so anspruchsvoll ist das gar nicht gemeint. »Vorbild« ist eigentlich auch das falsche Wort. Da stellt man sich etwas Hehres, Ideales vor, jemanden, der auf einem

Podest steht und von denen weiter unten bewundert wird.

Eltern sind keine Standbilder

Vorbild sein ist kein so erfreulicher Status. »Nimm dir mal den ... zum Vorbild« – wer hört das schon gern? Zur Beliebtheit des Betreffenden trägt es jedenfalls nicht bei.

Wer auf einem Podest steht, muß auch ständig Angst haben, herunterzufallen oder von den anderen hinabgestoßen zu werden.

Was die Fachleute eigentlich meinen, ist: Eltern müssen ihren Kindern überzeugend vormachen, was sie für erstrebenswert halten. Denn mit Reden zu überzeugen ist sehr schwer, wenn man sich nicht auch selbst an das hält, was man verkündet.

Seien Sie weniger Vorbild als vielmehr Modell für Ihr Kind.

Außerdem gibt es viele Haltungen, die können Sie Kindern gar nicht so leicht in Worten vermitteln, sondern die Kinder müssen sie erleben. Die wirken auch, ohne daß man die Aufmerksamkeit gezielt darauf richtet.

Eltern müssen ihren Kindern Modell dafür sein, wie man sein Leben einrichten kann. Sie werden ihnen auch Modell dafür sein, was mancherlei Verhaltensweisen für unangenehme Folgen haben. Die Kinder werden aus den Stärken der Eltern ebenso lernen wie aus ihren Schwächen. Manches werden sie ihnen nachmachen, ohne es groß zu merken, manches werden sie später bewußt anders machen als sie.

Beachten Sie

Eltern, die von sich verlangen, Vorbild zu sein, fürchten, vor ihren Kindern das Gesicht zu verlieren, wenn sie Schwächen zeigen, Fehler oder Mißerfolge zugeben. Das kann sehr anstrengend werden.

111

Für Väter ist das oft ein größeres Problem als für Mütter. Da die meisten Mütter nach wie vor viel mehr Zeit mit den Kindern verbringen, machen sie denen auch weniger leicht etwas vor. Andererseits erleben sie dadurch unmittelbarer, daß die Kinder sie so liebhaben wie sie sind – auch mit Schwächen und Fehlern.

Väter brauchen für ihr Selbstwertgefühl mehr als Mütter das Gefühl der Überlegenheit und den Erfolg, vor allem den beruflichen Erfolg.

Den Job verloren? Für wie viele Eltern kommt zu dieser an sich schon schweren Belastung noch die selbst auferlegte, die Kinder bloß nichts davon merken zu lassen.

Vom Chef zusammengestaucht worden? Kein Thema für die Kinder. Für die soll und muß Papa immer der Größte sein.

Ist denn jemand, der im Beruf wenig zu sagen hat und wenig verdient, deswegen ein schlechterer Vater?

Kleine Kinder halten ihre Eltern sowieso für die Größten, die alles wissen und alles können.

Große Kinder glauben daran sowieso nicht mehr, auch wenn man weiterhin versucht, ihnen in dieser Hinsicht etwas vorzumachen.

Beachten Sie

> Standbilder, die ihre Überlegenheit betonen, reizen dazu, daß man sie demontiert.

Gerade Kinder, die in die Pubertät kommen, sind auf das Demontieren von Standbildern spezialisiert. Sie durchschauen es, wenn jemand Ansprüche erhebt, die er nicht erfüllen kann, wenn er nicht so ist, wie er zu sein vorgibt. Die Fehler eines Vaters, der den Eindruck zu erwecken versucht, keine Fehler zu machen, sehen Kinder mit hämischer Freude.

Eltern sollen keine Standbilder sein, sondern Menschen zum Liebhaben. Liebhaben kann man nur echte Menschen, die weinen, wenn sie traurig sind, die wütend werden, wenn man sie ärgert, die auch mal was Dummes machen und das zugeben. Standbilder sind nicht echt.

Falls Sie also noch oben auf einem Podest stehen, kommen Sie ruhig herunter, hier unten ist es gemütlicher. Es läßt sich einfach nicht durchhalten, immer überlegen zu reagieren, selbst wenn Sie das möchten. Gerade das Verhalten der Kinder in der Pubertät ist für Eltern oft sehr kränkend. Sie sind wütend, enttäuscht und verunsichert. Sie fragen sich, was sie eigentlich falsch gemacht haben, um so viel Gemeinheit zu verdienen.

Das läßt sich leichter ertragen, wenn Sie es vor sich selbst, vor Ihrem Partner/Ihrer Partnerin und auch im Gespräch mit den Kindern zugeben, darüber reden können.

- Gestatten Sie sich, unter Ihren heranwachsenden Kindern ein gleichrangiger Mensch unter Menschen zu sein.
- Lassen Sie sie auch an Ihrem Leben teilhaben – an den Höhen wie an den Tiefen.
- Sprechen Sie auch über Ärger, über Enttäuschungen und Kränkungen, über Fehler und deren Folgen.

Es wird die Beziehung zu Ihren Kindern vertiefen, wenn sie Sie nicht nur bewundern müssen.

Auch Ihre Kinder werden in einer solchen Atmosphäre seltener mit einer Maske herumlaufen, die ihr Selbstwertgefühl schützen soll. Sie werden weniger Angst haben, sich so zu geben, wie sie sind; es wird ihnen leichter fallen, über ihre eigenen Sorgen und Unsicherheiten zu reden. Sie werden sich viel eher angenommen fühlen als im Umgang mit Eltern, die ständig hohe moralische Forderungen an sich und an andere stellen.

Ihr Zusammenleben wird sich mehr auf Solidarität gründen als auf Respekt. Wenn es auch zwischen Ihnen häufig mal kracht, sobald andere versuchen, Sie vor Ihren Kindern schlecht zu machen, werden die Sie verteidigen. Das ist ein sehr wärmendes Erlebnis!

Müssen Kinder gehorchen?

Fürchten Sie, daß Sie den Einfluß auf Ihre Kinder verlieren, daß die keinen Respekt mehr vor Ihnen haben, wenn Sie Schwächen zeigen?

Respekt gründet sich auf Macht. Mit dem Einfluß, der sich auf Macht stützt, ist es in der Pubertät sowieso vorbei. Sie können Ihrem Zwölfjährigen noch verbieten, nachmittags ins Kino zu gehen, und er wird wahrscheinlich zähneknirschend dableiben. Ihr Sechzehnjähriger sagt womöglich was Unflätiges und geht trotzdem. Und was wollen Sie dann tun? Sie können immer noch eins drauflegen, noch strengere Verbote, noch härtere Sanktionen. Die Teilnahme an der Klassenreise verbieten, das Fahrrad oder Moped wegschließen, und wenn nichts mehr hilft, den Geldhahn zudrehen. Kein Taschengeld, keine Klamotten, kein Eintrittsgeld fürs Schwimmbad.

Lassen Sie sich nicht auf einen Machtkampf ein.

Ich weiß, manchmal tut es einem verdammt gut, so ein Machtmittel ausspielen zu können, um sich endlich nicht mehr so mißachtet und hilflos zu fühlen. »Bist du gemein zu mir, bin ich auch gemein zu dir.« Aber diese Erleichterung ist wirklich nur sehr kurzlebig. Sie lassen sich da auf einen Machtkampf ein, den Sie höchstens kurzzeitig gewinnen können, auf längere Sicht aber sicherlich verlieren werden.

Wissen Sie nicht aus eigener Erfahrung, wie ohnmächtig, wie wütend man sich fühlt, wenn andere versuchen, Macht über einen auszuüben? Da ist jede Einsicht blockiert, da denkt man nur noch an Widerstand, an Rache. Und Einsicht möchten Sie doch bei Ihren Kindern eigentlich bewirken, oder?

Beachten Sie

> In der Psychologie ist das seit langem bekannt: Dauerhafte Verhaltensänderungen sind nur auf dem Wege der **Freiwilligkeit** und der **Einsicht** zu erreichen.

Verhaltensänderungen durch Zwang, aus Angst vor Strafe wirken nur, solange die Gefahr der Bestrafung besteht. Ist das nicht mehr der Fall, ist das Bedürfnis, das Verbotene zu tun, wieder unverändert da. Oft wird es sogar heftiger, weil es durch das Bedürfnis, sich für die Machtausübung zu rächen, noch verstärkt wird – nun gerade!

Was haben Sie davon, wenn Ihre Tochter das Verbot, sich zu schminken, nur einhält, solange Sie in der Nähe sind, sich aber um so heftiger bemalt, sobald sie Ihrem Einflußbereich entkommen ist?

Zwang und Strafen sind kein Mittel, um bei Heranwachsenden Einsicht zu wecken.

Können Kinder denn nicht einsehen, daß die Ge- und Verbote ihrer Eltern sinnvoll sind, daß sie gut dabei fahren, wenn sie sie einhalten? Können sie nicht aus Einsicht gehorchen? Ich fürchte, in vielen Dingen können sie das eben nicht. Ich bin sogar der Meinung, daß es nicht wünschenswert ist, Gehorsam anzustreben.

Es gibt Kinder, die »aufs Wort gehorchen«. Weil sie eingesehen haben, daß es wenig sinnvoll ist und nur Schaden einbringt, wenn man gegenüber Mächtigeren eine eigene Meinung zu vertreten versucht. Wünschen Sie Ihren Kindern diese Lektion?

Manche mögen häufig gehorchen, weil es bequemer ist, sich nach den Wertmaßstäben anderer zu richten als sich eigene zu erarbeiten und die durchzusetzen. Man wird nicht mit so vielen Ansprüchen belämmert, wenn man sich nicht so weit aus dem Fenster hängt, lieber ohne eigene Initiativen vor sich hinlebt. Man hat seine Ruhe. Ist das ein erstrebenswertes Ziel?

Ein Beispiel

Es hat vor Jahren mal ziemlichen Wirbel gegeben, weil eine Abiturientin in ihrer Abschlußansprache ihren Lehrern dafür gedankt hat, daß sie bei ihnen eine »Erziehung zum Ungehorsam« erfahren hätte. Sie beschrieb, daß sie nicht zum kritiklosen Jasagen, sondern zum Anzweifeln und Nachfragen angehalten worden sei. Es war eine sehr gute Ansprache. Ich wäre auf eine solche Schülerin und auf ihre Anerkennung stolz gewesen. Ich glaube, ihre Lehrer waren es auch.

Beachten Sie

Erziehung ist ja immer auch eine Vorbereitung auf das Leben als Erwachsene. Der brave Untertan, der immer macht, was Mächtigere ihm sagen, war das Ideal einer vergangenen Zeit, in der die Oberen bestimmten und die Unteren zu gehorchen hatten.

Wir sollten unsere Kinder zur **Demokratiefähigkeit** erziehen. Und das heißt: Sie sollen sich zu allem selbst ein Urteil bilden und sich für die allgemeinen Angelegenheiten mit verantwortlich fühlen. Sie sollen für sich das Recht in Anspruch nehmen, genausoviel wert und in ihren Rechten genauso geachtet zu sein wie jeder andere auch. Sie sollen keine Angst vor Mächtigen haben und nicht gehorchen, ohne ihren eigenen Verstand zu befragen.

Das müssen sie zu Hause jahrelang üben, auch wenn es für die Eltern noch so anstrengend ist!

Nun kann man sich zwar darüber streiten, ob nicht auch im heutigen Arbeitsleben der Jasager und Stillhalter noch (oder wieder) bessere Chancen hat. Aber andererseits richtet die »Was geht mich das an«-Haltung vieler Zeitgenossen doch für uns alle ziemlichen Schaden an, und ich denke, wenn wir durch unsere Erziehung etwas daran ändern können, sollten wir das tun.

Erziehen Sie Ihr Kind nicht zum Jasager.

Ich fürchte also, es ist vernünftiger und auch realistischer, wenn Sie sich den Traum von den gehorsamen Kindern abschminken, wenn Sie sich an deren Aufmüpfigkeit und die ständigen Auseinandersetzungen mit ihnen gewöhnen.

Müssen sich Eltern alles gefallen lassen?

Daß Sie auf den Respekt Ihrer Kinder verzichten, heißt aber nicht, daß Sie sich von ihnen alles gefallen lassen müssen.

Oft folgt den vergeblichen Versuchen, mit Verboten etwas auszurichten, die Resignation. »Ach mach doch, was du willst, du hörst ja doch nicht auf mich.«
    Oder Eltern sind so sehr bemüht, ihre Kinder einen eigenen Weg und eigene Regeln finden zu lassen, daß sie auch dann nicht protestieren, wenn sie selbst sich übervorteilt oder in ihren Bedürfnissen mißachtet fühlen.

Kindern soll zwar in der Erziehung so viel Freiheit eingeräumt werden wie möglich. Aber das darf nicht auf Kosten der Rechte und Bedürfnisse anderer gehen – in erster Linie ihrer Eltern.

■ Sicher ist es wichtig, daß Jugendliche in den eigenen vier Wänden Möglichkeiten haben, sich zu treffen und ihren Interessen nachzugehen. Aber es ist nicht in Ord-

Tip

117

nung, wenn sie von ihren Eltern verlangen, abends in der Küche zu sitzen, weil die jungen Leute im Wohnzimmer Fußball gucken wollen.

— Sicher ist es wichtig, daß Jugendliche in ihren Bekleidungswünschen in etwa mit den Gleichaltrigen mithalten können. Aber Eltern müssen auch Grenzen setzen können nach dem, was für sie finanzierbar ist.

— Sicher sollen Eltern ihren Kinder höflich und mit Achtung begegnen. Sie dürfen es sich aber auch nicht gefallen lassen, von ihren Kindern wie Putzlappen behandelt zu werden.

Besonders Mütter stecken »um des lieben Friedens willen« eher zurück, fressen Wut und Enttäuschung lieber in sich hinein, anstatt ihre Wünsche zu äußern und auf deren Berücksichtigung zu pochen. Eine Mutter, auf der sie herumtreten können, ist für Jugendliche kein gutes Modell. Und Sie können es nicht vermeiden, bei solcher Behandlung mürrisch und kleinlich oder depressiv zu werden. Eine selbstbewußte, kämpferische, fröhliche Mutter ist ein besserer Kumpel. Wenn Sie sich nichts gefallen lassen, wenn Sie auf Gleichberechtigung pochen, kommt das also Ihnen und Ihren Kindern zugute.

Stellen Sie Ihre Wünsche nicht andauernd zurück.

In den Befürchtungen vieler Eltern gibt es entweder das eine oder das andere. Entweder sie behalten die Macht über ihre Kinder, oder aber die Kinder gewinnen die Macht über sie. Weil sie das letztere nicht wollen, können sie vom ersteren nicht lassen, selbst wenn sie es gern möchten. Oft genug haben sie selbst ein schlechtes Gewissen, wenn sie ihre Macht ausspielen. Aber sie fürchten, ohne das nicht zurechtzukommen.

Oder sie springen zwischen diesen beiden Möglichkeiten hin und her. *Thomas Gordon*, von dem weiter unten noch viel die Rede sein wird, läßt das einen Elternteil so formulieren: »Ich bin meinen Kindern gegenüber nachgiebig, bis ich sie nicht mehr ausstehen kann. Dann werde ich strikt autoritär, bis ich mich selbst nicht mehr ausstehen kann.« Das muß nicht so sein!

Da wir von Erziehung zur Demokratie geredet haben:

Tip

- Es ist eine schlechte Vorbereitung auf demokratisches Zusammenleben, wenn Kinder sich nicht gegen Anordnungen ihrer Eltern wehren können.
- Es ist aber ebenso eine schlechte Erziehung zur Demokratie, wenn Eltern sich nicht gegen ihre Kinder wehren können.

Wir müssen also auch in der Familie nach Möglichkeiten suchen, bei denen jeder zu seinem Recht kommt, jeder – jedenfalls einigermaßen – nach seinen Bedürfnissen leben kann, ohne Macht über den anderen auszuüben.

Achtung statt Gehorsam

Eine bessere Basis für ein harmonisches Zusammenleben als Macht und Gehorsam sind **Achtung** und **Wertschätzung**.

Beachten Sie

> Einem Menschen, den man achtet, den man (wenn auch mit Abstrichen) für »total in Ordnung« hält, folgt man (hin und wieder jedenfalls) freiwillig.

Es gibt Untersuchungen dazu, wie sich Menschen, die auf andere Einfluß nehmen möchten, zum Beispiel Vorgesetzte und Erzieher, verhalten müssen, um ein Klima zu erzeugen, in dem die ihnen Anvertrauten sich wohl fühlen, gern und bereitwillig tun, was von ihnen erwartet wird. Zwei Grundhaltungen stellten sich dabei als besonders wichtig heraus:

Wertschätzung

Die erste ist **Wertschätzung**. Erzieher (Vorgesetzte, Lehrer, Eltern...) müssen den ihnen Anvertrauten zeigen, daß sie sie als vollwertige, gleichberechtigte Personen anerkennen, deren Gedanken und Meinungen sie genauso wichtig nehmen, wie sie das umgekehrt für ihre eigenen erwarten. Das heißt nicht, daß sie die anderen immer in Watte packen müssen. Manchmal kann ein engagierter Anpfiff mehr Wertschätzung ausdrücken als eine laue Unverbindlichkeit.

Richtiges Maß
an Lenkung

Die zweite wichtige Grundhaltung ist **das richtige Maß an Lenkung**. Zu wenig Lenkung macht hilflos. Aber zu viel Lenkung und Kontrolle wird als Bevormundung erlebt und löst Widerstand aus. Jeder Mensch möchte möglichst viel Raum für eigene Entscheidungen und Selbstbestimmung behalten.

Mit Wertschätzung und viel Raum für eigene Entscheidungen schaffen Sie auch zu Hause ein Klima, das aufgeschlossen macht für die Gedanken und Wünsche des anderen.

So sehr Aufsässigkeit zur Pubertät gehört, so oft können Eltern aber auch böse Auseinandersetzungen vermeiden, wenn sie ihre Kinder nicht wie dumme Gören behandeln, denen man noch alles vorkauen muß. So mancher wilde Protest richtet sich gar nicht gegen die Sache, um die der Streit entbrennt, sondern gegen die abschätzige Haltung der Eltern und gegen die Bevormundung.

Konfliktlösungen ohne Gewinner und Verlierer

Konflikte müssen möglichst so gelöst werden, daß nicht einer gewinnt und einer verliert. Es müssen Lösungen gefunden werden, bei denen beide gewinnen. Das hört sich vielleicht zu schön an, um wahr sein zu können, das wird auch nicht immer funktionieren, aber oft geht es.

Wie es geht, beschreibt der Amerikaner *Thomas Gordon* in seinem – inzwischen zum Standardwerk gewordenen – Buch »Familienkonferenz« und einigen Folgebänden. *Gordon* empfiehlt diese Methode auch schon für wesentlich jüngere Kinder. Jetzt, da Ihr Sohn/Ihre Tochter in absehbarer Zeit erwachsen sein wird, ist es höchste Zeit, so zu verfahren.

Ich habe im ersten Kapitel begründet, warum Kinder in der Pubertät so besonders allergisch gegen Angriffe auf ihr im Umbau begriffenes Selbstwertgefühl sind (s. Seite 13).

Jede Niederlage in einem Machtkampf hinterläßt beim Unterlegenen Groll und das Bedürfnis zum Widerstand. Das ist nicht nur in der Pubertät so. Das kennen Sie auch von sich selbst. Sie wissen doch, wie sauer Sie sind, wenn Sie bei Ihren Kindern was erreichen wollen und die gehen einfach nicht darauf ein. Die Kinder reagieren im umgekehrten Fall genauso, nur noch heftiger.

Gordon nennt seine Art der **Konfliktlösung** die »niederlagelose Methode«, und das geht so:

Konfliktlösung nach *Gordon*

Als erstes muß der, dem ein Problem aufstößt, das den anderen Beteiligten deutlich und unmißverständlich klarmachen.

Sagen Sie Ihren Kindern also ganz konkret, welches Verhalten Sie stört, warum es Sie stört und was Sie empfinden, wenn Ihr Sohn oder Ihre Tochter sich so verhält. Sagen Sie es möglichst frühzeitig, noch bevor sich so viel Wut angestaut hat, daß Sie sofort explodieren. Und sagen Sie es möglichst so, daß es »ankommt«, ohne Widerstand wachzurufen oder Gegenangriffe zu provozieren.

Ein Beispiel

»Ich komme mir vor wie ein Dienstmädchen. Nach jeder Mahlzeit springen alle auf und laufen davon. Und ich muß allein die abgenagten Reste beseitigen. Das mache ich nicht mehr mit.«

Sagen Sie das, wie im Beispiel, mit einem Satz, der mit »Ich«, nicht mit »Du« oder »Ihr« anfängt. Also nicht: »Ihr denkt wohl, ich bin euer Dienstmädchen.« Das ist ein Angriff. Stellen Sie sich mal vor, so redete Ihr Partner oder auch Ihre Mutter mit Ihnen. Was ginge dann in Ihnen vor?

Ein »Du-Satz« legt schon gleich fest, wer schuld daran ist, daß Sie sich ärgern. Das reizt zur Verteidigung, zum Zurückgeben.

Sagen Sie aber »Ich«, greifen Sie niemanden an, beschuldigen auch nicht. Sie beschreiben nur, wie es Ihnen geht. Dagegen kann keiner opponieren, denn das ist nun mal so.

»Ich halte es nicht aus, alle paar Tage eines unserer Werkzeuge irgendwo im Garten einzusammeln. Erst muß ich es suchen, und dann finde ich es dreckig und verrostet wieder. Das muß geändert werden.«

Geben Sie Ihren Kindern die Möglichkeit, eigene Lösungen zu finden.

Wenn das Problem auf dem Tisch liegt, sollen alle, die es betrifft, Vorschläge machen, wie es behoben werden könnte. Bitte schieben Sie nicht gleich Ihre eigene Lösungsvorstellung nach, weil Sie denken, es gibt ja doch nur die eine Möglichkeit. Sie nehmen damit den Kindern die Gelegenheit, sich selbst für die Lösung des Problems zuständig zu fühlen. Und gegen eine Lösung, die Sie vorschlagen, werden sie bestimmt etwas einzuwenden haben.

Kinder, die es nicht gewöhnt sind, daß sie nach ihren Vorschlägen gefragt werden, reagieren da oft erst mal träge und phantasielos. Sie warten aus Bequemlichkeit und Gewohnheit auf Ihre Anregungen. Lassen Sie den Kindern mit ihren Vorschlägen den Vortritt, damit sie merken, daß Sie es ernst meinen.

Am besten sammeln Sie erst mal möglichst viele Vorschläge, ohne sie gleich kritisch zu bewerten, auch die nicht ganz ernst gemeinten, die scheinbar dummen oder ganz unmöglichen. Alle Beteiligten sollen möglichst ungebremst aus sich herauslaufen lassen, was ihnen dazu so einfällt.

> Im Geschäftsleben benutzt man diese Methode schon lange, um neue, kreative Ideen hervorzulocken. Man nennt das »Brainstorming«, was etwa Stürmen, Durchpusten des Gehirns bedeutet.

Was ist Brainstorming?

Wenn jeder Vorschlag gleich mit einer kritischen Bewertung empfangen wird, bremst das die Kreativität. Denn es ist nicht angenehm, auf eine Äußerung gleich zu hören: »Man, das klappt doch nie!« Da gewöhnt sich jeder an, bevor er etwas äußert, selbst erst alle möglichen Bedenken und Einwände zu prüfen. Und dann kommt nicht mehr viel.

Als nächstes werden alle Vorschläge verglichen und bewertet, bis einer übrigbleibt, mit dem alle am besten zurechtkommen. Das wird je nach den Bedingungen von einer Familie zur anderen ganz unterschiedlich sein.

Dann wird es eine Weile so gemacht wie vereinbart, bis die Praxis erweist, ob es so geht oder ob noch eine andere Lösung gefunden werden muß.

> Wenn Sie sich vorstellen, es ginge um ein betriebliches Problem, das unter Arbeitskollegen diskutiert wird, so ist das ein ganz selbstverständliches Verfahren. Nur im Umgang mit Kindern und Jugendlichen ist es manchem ungewohnt.

Beachten Sie

Auch wenn wir alle nicht mehr autoritär sein wollen, enthält der tägliche Umgangston doch noch sehr viele Reste davon, die wir gar nicht bemerken. Deshalb ist es eine sehr gute Übung für Eltern, sich immer mal wieder zu fragen:

— »Hätte ich das so auch zu meiner Kollegin gesagt?«
— »Wie hätte ich wohl reagiert, wenn mein Kollege sich mir gegenüber so verhalten hätte?«

Beispiele aus dem Alltag

Nicht immer muß so eine Konfliktlösung mit allen Stadien lehrbuchgerecht durchgezogen werden. Im Grunde geht es um eine Haltung den heranwachsenden Kindern gegenüber, die ihnen einräumt, zutraut, aber auch zumutet, bei der Klärung strittiger Angelegenheiten verantwortlich mitzutun.

Ich will hier zwei Beispiele geben, wie sie sicher auch bei Ihnen täglich vorkommen:

1. Beispiel

Lukas verabredet sich mit seiner Mutter zum Kauf dringend notweniger Turnschuhe. Im Laden geraten die beiden in einen heftigen Streit, als Lukas sich postwendend in die teuerste Sorte verguckt und kategorisch feststellt: »Die oder keine.«

Die Mutter stellt kritische Vergleiche an und erklärt, vergleichbare Qualität gebe es bei der Marke XY schon für wesentlich weniger Geld, mehr sei sie nicht bereit auszugeben.

Als der Sohn anfängt, sie im Laden laut zu beschimpfen, verläßt sie den Laden und fährt nach Hause. Der Sohn folgt kurze Zeit später wutschnaubend. Zu Hause geht erst mal gar nichts, bis Wut und Ärger verraucht sind. Bis hierher war das also Niederlage auf beiden Seiten.

Aber Lukas braucht dringend Turnschuhe. Also setzen sich beide zusammen und suchen eine Lösung. Der Rahmen der Verhandlung wird abgesteckt: Die Mutter bezahlt nicht mehr als die Schuhe der Marke XY kosten. Lukas will diese Schuhe nicht haben, auch keine anderen zu gleichem Preis, er besteht auf den zuerst ausgesuchten teuren Turnschuhen.

Beide erklären sich noch einmal in Ruhe gegenseitig ihre Positionen. Die Mutter kann jetzt nachempfinden, was Lukas an diesen Turnschuhen so toll findet. An ihrer Entscheidung wegen des Preises ändert das aber nichts.

Dann suchen beide nach Lösungsmöglichkeiten. Ich ziehe hier die Vorschläge und die Bewertung der einfacheren Darstellung wegen zusammen:

Lukas: »Ich verzichte auf die Jeans, die ich eigentlich auch noch brauche.«

Mutter: »Deine alten Jeans sind so abgewetzt, sie können sich jeden Tag auflösen. Du mußt neue haben.«

Lukas: »Ich bitte Oma um das restliche Geld.«

Mutter: »Oma wird mich fragen, ob der Preis gerechtfertigt ist. Wenn ich ›nein‹ sage, wird sie es dir nicht geben.«

Mutter: »Ich schenke dir die Schuhe zu Weihnachten, dafür gibt es die CDs nicht, die du dir gewünscht hast.«

(Damit ist Lukas nicht einverstanden.)

Lukas: »Ich spare mir den Differenzbetrag zusammen.«

Mutter: »Warte wenige Wochen bis zum Ausverkauf, vielleicht werden die Schuhe reduziert.«

Die Lösung sieht schließlich so aus: Lukas verkauft auf einem Trödelmarkt einen Stapel alter Puzzle-Spiele und geht mehrere Wochen sehr sparsam mit seinem Taschengeld um. Im Ausverkauf wird der Preis der Schuhe herabgesetzt. Das Geld reicht. Lukas bekommt die Schuhe; die Mutter bezahlt nur, was sie für angemessen hält. Beide sind zufrieden.

> Konflikte lassen sich fast immer durch gegenseitiges Entgegenkommen lösen.

Wenn man in dieser Weise verhandelt, Verständnis auch für die Positionen des anderen aufzubringen versucht, ohne die eigenen aufzugeben, kann man ruhig und freundlich bleiben, weil man nicht befürchten muß, über den Tisch gezogen zu werden. Es gibt keinen Sieger und Verlierer, sondern beide Seiten gewinnen.

Beachten Sie

Das ist etwas, was wir uns selbst klarmachen müssen, weil es sehr hilfreich ist:
- Freundlich sein muß nicht gleichbedeutend sein mit nachgiebig.
- Konsequent sein kann man nicht nur, indem man laut wird und mit der Faust auf den Tisch schlägt.

2. Beispiel

Deniz, 16, ist zur Party eingeladen. »Wann muß ich zu Hause sein?« Es ist in diesem Alter nicht sehr realistisch, eine starre Norm einzuführen, die unbedingt eingehalten werden muß. Deshalb versucht die Mutter eine einvernehmliche Lösung. »Was meinst du denn?« Einige Bedingungen wollen berücksichtigt sein: Wie lange bleiben die anderen? Wann geht ein Bus? Wer wird wann abgeholt, mit dem man mitfahren könnte?

Sicher wird jede(r) Jugendliche einiges an Zeit herauszuhandeln versuchen, was die Eltern eigentlich nicht zugestehen wollten. Das haben wir doch schließlich auch so gemacht.

Wird aber durch solche Verhandlungen ein Kompromiß gefunden, mit dem beide leben können, halten sich die Kinder erfahrungsgemäß an diese selbst mitbestimmte Grenze viel leichter, als wenn ihnen eine per Dekret vor die Nase gesetzt würde. Die versuchen sie mit allen Tricks zu unterlaufen.

Kein Mittel gegen unterschiedliche Ansichten

Auf diese Weise lassen sich allerdings nur Konflikte lösen, in denen wirklich und für die Kinder einsehbar Elternbedürfnisse und Elternrechte betroffen sind.

Versuchen Sie nicht, die Methode anzuwenden, um mit den Kindern über die Länge und Farbe ihrer Haare oder den Stil ihrer Bekleidung zu verhandeln. Die sind An-

sichtssache. Da werden sie Ihnen mit Recht antworten:
»Wieso stört dich die Farbe meiner Haare?«

Sicher werden Sie auch auf eine ganze Menge Grenzfälle
stoßen, in denen man das unterschiedlich beurteilen
kann. Etwa wenn Ihr Sohn die Badewanne in unappetitli-
chem Zustand verläßt und auf Ihren Protest erklärt: »Was
kann ich dafür, wenn du einen Putzfimmel hast? Meinet-
wegen kann sie so bleiben.« Versuchen Sie selbst, eine Lösung zu finden.

9
KAPITEL

Väter als Kommunikationsmuffel

Verbreitete Vorurteile

- Ein Mann – ein Wort, eine Frau – ein Wörterbuch.
- Frauen reden, Männer handeln.
- Männer sind sachlich, Frauen eher emotional.
- Für Aufgaben, die freundliche Zuwendung, geduldiges Zuhören, viel Verständnis und Feingefühl erfordern, für alles, was mit »Sozialschmiere« besser läuft, sind Frauen besser geeignet als Männer. Deshalb ist das erzieherische Alltagsgeschäft, vor allem das Reden, Verstehen, Verhandeln, Vermitteln, eher eine Sache der Mütter als der Väter.

Stimmt das alles? Oder stimmt es nicht?

Es stimmt nicht, wenn damit gemeint ist, das sei nun mal von der Natur so eingerichtet.

Es stimmt, wenn jemand damit sagen will, im Alltag sei das sehr oft so anzutreffen.

Viele Männer sind, wenn es um komplizierte emotionale Beziehungen geht, ausgesprochen hilflos, sie finden sich in ihren eigenen Gefühlen nicht zurecht und in denen anderer schon gar nicht. Und dann machen sie, ohne es zu wollen, erst recht alles noch schlimmer, oder sie halten sich lieber gleich zurück.

Wenn in einer Elterngruppe über die Wichtigkeit von Zensuren, über Schule und Laufbahnentscheidungen, über grundsätzliche Erziehungsmethoden debattiert wird, führen Väter oft das große Wort. Wenn es um unbewußte Ängste und Aggressionen, um mögliche psychologische Hintergründe kindlichen Verhaltens geht, verstummen sie.

Woher kommt das, wenn es nicht angeboren ist?

Nicht angeboren, sondern anerzogen

Die meisten Eltern beteuern heute, sie erzögen ihre Söhne und Töchter gleich. Beide dürften mit Autos und mit Puppen spielen, auch Jungen dürften weinen oder wehleidig sein.

Wenn aber kleine Jungen und Mädchen in ihrer Umwelt nach Orientierungen dafür suchen, wie sie einmal werden wollen, dann macht diese Einstellung der Eltern nur einen recht geringen Teil aus. Es sind nicht die bewußten großen Linien, die den Ausschlag geben. Es sind die zahllosen Kleinigkeiten, so gewohnt und alltäglich, daß man sie gar nicht bemerkt.

Beachten Sie

Die alten Rollenklischees von typischen Jungen und Mädchen, Männern und Frauen sind, ohne daß wir das bemerken, in tausend Kleinigkeiten in unser aller Köpfen lebendig. Sie teilen sich den Kindern im Alltag mit und beeinflussen das Selbstverständnis der damit Herangewachsenen.

Beispiele

Nur ganz wenige Beispiele:

- Wenn man Versuchspersonen vom Band das Weinen eines Babys vorspielt, interpretieren sie das unterschiedlich, je nachdem, ob ihnen gesagt wird, das Kind sei ein Junge oder ein Mädchen. Ist es (angeblich) ein Junge, hören sie eher Ärger und Protest heraus, soll es ein Mädchen sein, eher Hilflosigkeit und Angst.

- Auf weinende Jungen wird entsprechend anders reagiert als auf weinende Mädchen. Mädchen werden als hilfloser angesehen, mehr behütet, schneller in Schutz genommen.
- Film und Fernsehen als besonders eingängige Orientierungen sind voll von starken, harten Männern, von Abenteurern, Boxern, Rennfahrern, von Batman und Superman.
- Selbst in Schulbüchern sind Männer eher die Macher, Frauen die Helfenden.
- Die Lehrer in der Schule stützen sich auf die Mädchen, wenn sie das soziale Klima in der Klasse verbessern wollen. Sie erwarten von ihnen, daß sie eher mitleidig, einfühlsam und hilfsbereit sind. Jungen trauen sie da wenig zu, verlangen auch weniger von ihnen.

Es gibt viele kluge Bücher darüber, wie in unserer Kultur aus einem Jungen ein »typischer Junge«, aus einem Mädchen ein »typisches Mädchen« wird (s. Literaturverzeichnis, Seite 172 und 173).

Ein unter diesen Einflüssen herangewachsener Junge ist schließlich selbst überzeugt, daß Gefühle eher etwas für Mädchen sind, daß man als Junge, wenn man ihnen imponieren will, »cool« und überlegen sein muß, jedenfalls kein »Softy« sein darf.

Auch Jungen sollen und dürfen Gefühle zeigen.

Je weniger sich angehende Männer aber mit »Gefühlskram« und »Beziehungsmüll« beschäftigen, je mehr sie das als »Weiberkram« abtun, desto unbeholfener werden beziehungsweise bleiben sie in allen Bereichen des zwischenmenschlichen Verstehens und der Kommunikation. Ihre Aufmerksamkeit für Mitmenschliches ist gering, ihre Antennen sind stumpf, ihre Reaktionen unbeholfen. Da sie das selbst bemerken, sind sie froh, wenn Frauen die »Beziehungspflege« übernehmen.

Und so überlassen es viele Väter auch gern den Müttern,

sich um das seelische Wohlergehen der Kinder zu kümmern. Sie fühlen sich mehr zuständig für wilde Spiele oder Anleitung zum Höhlenbauen.

Väter setzen die Richtlinien, rücken auch mal mit einem Machtwort etwas gerade, für den Kleinkram sind eher die Mütter zuständig. Und so geben sie die einseitige Festlegung der Geschlechterrollen als Modelle an die nächste Generation weiter.

In den letzten Jahrzehnten wird diese klassische **Rollenverteilung** allerdings mehr und mehr in Frage gestellt. Mütter sind mit der ausschließlichen Festlegung auf Haus und Kinder nicht mehr einverstanden. Sie bestehen darauf, daß auch Väter windeln und füttern, trösten und in den Schlaf singen können. Und eine ganze Reihe von Vätern bemüht sich auch redlich, beweist, daß es geht. Insbesondere die, deren Frauen oder Partnerinnen auch berufstätig sind, sehen ein, daß sie ihren Teil der Pflichten übernehmen müssen, damit die Lasten gerechter verteilt sind.

> Die klassische Rollenverteilung der Geschlechter ist nicht länger gültig.

Männer als Opfer der Männlichkeit

Aber es ist nicht nur ein Opfer aus Einsicht, das die Männer da bringen. Mehr und mehr setzt sich die Erkenntnis durch, daß Männer, die sich um Gefühle überhaupt nicht kümmern mögen, sich da selbst einen Ast absägen, auf dem sie eigentlich sitzen müßten.

Die Folgen für solche Männer sind folgende:

Zum einen schädigen sie damit ihre eigene seelische Gesundheit. Da sie nur unzulänglich lernen, Gefühle wahrzunehmen, zu verstehen und klar zu äußern, können sich ihre Mitmenschen nur schwer auf sie einstellen, werden sie leichter enttäuscht, frustriert, vor den Kopf gestoßen. Ein Mann ist ja (angeblich!) hart im Nehmen.

> **Folgen des Männlichkeitswahns**

Da sie es für ein Zeichen von Schwäche halten, »gefühls-duselig« oder »wehleidig« zu sein, äußern sie Enttäu-schung, Kummer, Anlehnungsbedürfnis nicht, sondern schlucken es herunter, verdrängen es. Sie wollen keine »Schlaffis« sein. Wo andere es sind, reagieren sie abschät-zig, machen es lächerlich, damit nur ja die eigenen ver-drängten Bedürfnisse nicht an die Oberfläche kommen. Und so kriegen sie eher einen Herzinfarkt oder Magenge-schwüre, ehe sie sich mal hängenlassen oder zugeben, nicht weiter zu wissen.

Beachten Sie

> Es hilft bei der Verarbeitung negativer Gefühle sehr viel, wenn man mit anderen darüber reden kann. Wenn einer aber nicht sagt, was ihn bedrückt, gar nicht sagen kann, weil er es ja selbst nicht so genau weiß, dann kann ihm auch keiner helfen.

Wenn ein Mann die Gefühlsduselei seiner Partnerin lächerlich macht, wird sie solche Gespräche mit ihm auch nicht gern führen. So bleiben Männer mit ihren emotio-nalen Bedürfnissen oft recht allein.

Eine weitere Folge ist, daß viele Väter gerade mit ihren Töchtern und Söhnen in der Pubertät, einer Zeit, in der Fingerspitzengefühl und emotionales Verständnis ganz besonders nötig sind, sehr schwer zurechtkommen. Befra-gungen Jugendlicher zeigen, daß die Mehrzahl ein viel besseres Verhältnis zur Mutter als zum Vater hat. Mit dem Vater geraten sie viel häufiger aneinander.

Väter kommen oft gar nicht darauf, daß sie ihr Anliegen so formulieren müßten, daß sie bei Sohn oder Tochter nicht auf Empfindlichkeiten treffen oder zum Widerspruch rei-zen, sondern Einsicht wecken. Sie gehen oft von der sim-plen Hypothese aus, es müsse genügen, über etwas kräftig zu meckern, damit sich was ändert. Aber Jugendliche reagieren allergisch, wenn sie angemeckert werden. Sie geben zurück!

Väter werden deshalb oft mißverstanden, erreichen in Gesprächen nicht das, was sie erreichen wollten. Weil sie sich dann hilflos fühlen, regen sie sich auf, kriegen hohen Blutdruck oder Magengeschwüre, fühlen sich von Frau und Kindern mißverstanden und mißhandelt.

Aus Sicht der Väter stecken Mutter und Kinder unter einer Decke. Mutter verwöhnt und verzieht die Kinder und nimmt sie dadurch für sich ein. Anders können sie sich das meist bessere Einvernehmen zwischen ihnen nicht erklären.

Mütter versuchen in diesem Spiel meistens eine Mittlerrolle einzunehmen, kriegen dann aber oft von zwei Seiten ihr Fett ab. Da Mutter oft beide streitenden Parteien gut versteht, versucht sie den Kindern den Vater und dem Vater die Kinder zu erklären. Vom Vater erntet sie dafür den Vorwurf, sie sei unkritisch, viel zu nachsichtig, sie wolle immer alles entschuldigen. Die Kinder werfen ihr vor, sie sei feige, rede dem Vater zum Munde, stehe nicht zu ihnen und ihren eigenen Überzeugungen. Und sie steht dazwischen und hat das Gefühl, an allem schuld zu sein.

> Die Mutter steht häufig zwischen Vater und Kindern.

Fragen Sie sich, woher ich so genau weiß, wie es bei Ihnen zu Hause zugeht? Sie liegen eben voll im Trend!

Ich habe dieses »Drama mit verteilten Rollen« so ausführlich geschildert, weil ich meine, daß dabei letztlich alle verlieren.

Es waren zwar die Frauen, die als erste rebelliert haben und erreichen möchten, daß sich an der klassischen Rollenzuschreibung etwas ändert. Aber die Männer sollten ihnen, statt bockig auf ihrer Männlichkeit zu beharren, dafür dankbar sein und mit ihnen an einem Strang ziehen.

Mut zum »Softy«!

- Versuchen Sie doch, aus Ihrem selbstgezimmerten Käfig herauszukommen.
- Versuchen Sie, Ihre Antennen für Mitmenschliches und für Zwischentöne zu schärfen.
  Was will Ihre Tochter Ihnen unterschwellig noch mitteilen, wenn sie von dem tollen neuen Lehrer erzählt, der mit den Mädchen einen Extra-Computerkurs macht? Was schwingt alles mit bei einem gereizten Wortwechsel mit Ihrer Frau?
- Üben Sie sich auch in Selbstoffenbarung.
  Sprechen Sie aus, was Sie denken, vor allem, was Sie fühlen. Aber möglichst so, daß es andere nicht kränkt. Hinweise dazu finden sie in den anderen Kapiteln.
- Wenn Sie sich das nächste Mal hilflos, mißverstanden, unglücklich fühlen, sagen Sie es doch!
- Erwarten Sie nicht, daß Ihre Frau, Ihre Tochter errät, wie Ihnen zumute ist, seien Sie nicht enttäuscht und verbiestert, wenn die das nicht tun.
- Weinen Sie lieber mal, anstatt zu meckern und übelzunehmen.
- Verschanzen Sie sich nicht hinter einer Fassade angeblicher Stärke und Überlegenheit.
- Was soll denn Schlimmes passieren, wenn Sie Schwäche zeigen? Einen Menschen mit Schwächen kann man doch viel leichter liebhaben als einen, vor dessen Launen man sich fürchtet. Haben Sie Angst, in Ihren Gefühlen zu ersaufen, wenn Sie ihnen ein Türchen öffnen? Das werden Sie nicht. Aber gelegentlich mal überschwemmt zu werden – was schadet das schon? Die meisten Frauen haben weniger Probleme, ihre Gefühle zu zeigen, und leben besser damit.
- Fressen Sie Enttäuschungen nicht in sich hinein. Reden Sie darüber. Aber schieben Sie nicht die Schuld dafür den anderen zu. Es kann ja auch sein, daß Ihre Erwartungen ganz unrealistisch sind.

Väter, die sich ihre eigenen Emotionen nicht eingestehen, reagieren oft besonders unduldsam auf vermeintliche Schwächen ihrer Kinder, besonders der Söhne.

Macht es Sie fuchsig, daß Ihr Sohn so ein Schlaffi, so ein Feigling, so ein Schlappschwanz ist, daß er nicht Ihre Zielstrebigkeit und Stärke an den Tag legt, sich treiben läßt, das Lustprinzip über das Pflichtbewußtsein setzt? Vorsicht! Wüten Sie da nicht eher gegen Ihr eigenes unterschwelliges Bedürfnis, sich auch mal treiben zu lassen? Oder kehrt Ihr Sohn gerade diese andere Seite so heraus, weil er findet, daß Sie viel zu leistungsbesessen sind?

Tip

Nutzen Sie diese Meinungsverschiedenheiten auch dazu, die eigenen Haltungen kritisch zu beleuchten. Und geben Sie es zu, wenn Sie ein Argument Ihres Sohnes, Ihrer Tochter nachdenklich macht.

Nach meiner Überzeugung muß es eine Aufgabe für die nächsten Generationen sein, Jungen, Männer, Väter aus diesem Gefängnis mangelnder Sensibilität zu befreien, genauso wie Frauen bereits angefangen haben, sich von ihrer generellen Benachteiligung im Alltag zu befreien.

- Fühlen Sie sich als Vater von mir verkannt und völlig falsch und einseitig geschildert?
- Haben Sie von Anfang an gleichberechtigt Ihr Kind gewickelt, gewiegt und getröstet?
- Sind Sie dem Teenager ein ebenso bewährter Gesprächspartner wie Ihre Frau?
- Oder erziehen Sie das Kind sogar allein?

Dann bitte ich Sie um Entschuldigung. Ich weiß, daß es Männer wie Sie gibt, aber Sie wissen sicher selbst, daß Sie in der Minderheit sind.

10

Meine Tochter hat die falschen Freunde

Für Kinder in der Pubertät haben die Freunde, die Kumpels, die Clique eine sehr große Bedeutung. Die Wichtigkeit der Eltern nimmt entsprechend ab.

Das mag für Sie schon manchmal kränkend sein. Da liegt Ihrer Tochter an der Einschätzung unerfahrener Vierzehnjähriger mehr als an Ihrem weisen Urteil. »Lisa und Mariette finden das auch!«

Die Freunde der Kinder und die Maßstäbe der Eltern

Wenn so ein junger Mensch sich auf den Weg in die Unabhängigkeit macht, wenn er sich abzusetzen beginnt gegen das, was bisher selbstverständlich gültig und richtig war, dann fühlt er sich unter seinesgleichen wohler, sicherer und eher akzeptiert.

In der Clique fühlen sich viele stärker als allein.

Die anderen haben die gleichen Probleme mit ihren Eltern und mit der Schule, sie mögen die gleiche Musik, tragen die gleichen Klamotten, sprechen die gleiche Sprache. Die anderen in der Clique sind nicht überlegen und nicht überheblich. Man hat die gleichen Interessen und kann gemeinsam viel unternehmen. Mitten im Haufen fühlt man sich stärker als allein.

Jugendliche unter sich können auch unkompliziert und ohne bedrohliche Folgen soziale Umgangsformen erproben. Sie reden und streiten, sie flirten und balzen, sie geben an, sie konkurrieren oder verbrüdern sich. Auf diese Weise sammeln sie vielfältige Erfahrungen, die ihnen helfen, zu sich selbst zu finden.

Sie sammeln auch »interessante Typen«, sind fasziniert, wenn einer ganz anders ist als sie, vielleicht das verkörpert, was sie nie wagen würden oder insgeheim wünschen.

So kommt es dann, daß sich zum Beispiel ein braves, wohlbehütetes Mädchen zu einer sehr »erfahrenen« Gleichaltrigen mit wenig ansprechenden Umgangsformen besonders hingezogen fühlt. Die Mutter ist dann vielleicht entsetzt. »Die paßt doch überhaupt nicht zu dir!« Zugegeben, sie paßt nicht zu dem Bild, das die Mutter bislang von ihrer Tochter hat. Aber wahrscheinlich verkörpert sie etwas, was die Tochter gerade fasziniert oder was sie gerade braucht.

Die Maßstäbe, die Mutter und Tochter anlegen, sind sicher auch unterschiedlich. Ansprechende Umgangsformen sind ein typisches Elternkriterium. Eltern mögen Freunde, die grüßen, sich die Füße abtreten und »anständig« reden. Ob der oder die betreffende ein Schleimer oder ein prima Kumpel ist, jemand, der nicht petzt, einen nie verpfeift, das kriegen Eltern oft gar nicht mit.

Eltern beurteilen die Freunde Ihrer Kinder nach ganz anderen Maßstäben.

Gerade Kinder, die sich bislang fast ausschließlich unter Freunden bewegt haben, die ihnen ähnlich und den Eltern angenehm sind, haben in der Pubertät oft den Eindruck, daß ihnen damit ein Teil der Wirklichkeit vorenthalten worden ist, daß sie jetzt auch ganz andere Lebensweisen kennenlernen wollen. Und da fasziniert dann eben ein

Mädchen, dessen alleinerziehender Vater eigentlich nie zu Hause ist, die nachmittags für ihre Freunde kocht, die Tricks kennt, ohne Geld ins Schwimmbad zu kommen, und nur zur Schule geht, wenn sie nichts Besseres vorhat.

Unterm Strich haben fast alle Eltern den Eindruck, daß ihr bislang einigermaßen gut geratenes Kind in schlechte Gesellschaft geraten ist, daß es sich mit Freunden umgibt, die seiner weiteren Entwicklung abträglich sind.

Fragen Sie sich selbst

- Kennen Sie Eltern, die befürchten, daß ihr Kind einen schädlichen Einfluß auf andere haben könnte?
- Wieso sind es eigentlich immer die anderen, die einen schlechten Einfluß auf unsere haben sollen?
- Wieso sind die anderen immer die schlechteren?

Wir sitzen hier einem recht einfachen psychologischen Mechanismus auf. Da wir unseren eigenen Nachwuchs liebhaben, seine liebenswerten Eigenschaften kennen, sind wir geneigt, mit den weniger liebenswerten nachsichtig und entschuldigend umzugehen.

»Meine Tochter ist anständig erzogen, die tut so etwas nicht!« Hat sie aber doch mal was getan, was sich nicht wegreden läßt, dann müssen andere sie dazu angestiftet haben. Dann werden die anderen um so kritischer betrachtet, und dann findet man schnell diejenigen, die es nur gewesen sein können. Allerdings müssen Sie davon ausgehen, daß andere Eltern das bestimmt genauso einseitig sehen.

Jeder hat gute Seiten, man muß sie nur suchen

Höchstwahrscheinlich haben die Freunde Ihres Kindes genauso ihre liebenswerten Stellen und ihre Schwächen wie Ihr Sohn/Ihre Tochter auch.

Tip

Versuchen Sie alle Freunde Ihres Kindes zu akzeptieren. Wenn Sie Interesse zeigen und sich mit ihm oft
über seine Freunde unterhalten, werden Sie auch
nachempfinden können, warum es diese oder jenen
mag oder weniger mag. Wenn Sie dabei oft Positives
äußern, werden Sie auch für gelegentliche Kritik
leichter Gehör finden.

Kleben Sie aber dem Kritisierten keine Etikett an. Sagen Sie
nicht: »Er ist ein ...« Das ist schwer nachvollziehbar und
reizt dazu, ihn (stellvertretend für sich selbst) zu verteidigen. Beschreiben Sie genau die Situationen, die Verhaltensweisen, die Ihnen nicht gefallen haben. Und sagen Sie
deutlich, daß das Ihre Sicht, Ihre Meinung ist:

- »Ich finde, daß ...«
- »Auf mich wirkt sie...«
- »Mir gefällt nicht, daß sie...«

Äußern Sie
ruhig Ihre
Kritik, aber
etikettieren
sie dabei nicht.

Dann hat Ihre Tochter Gelegenheit, ihre Sicht der Dinge
danebenzustellen, Ihnen zuzustimmen oder auch nicht.
Oft bekommen Erwachsene von fremden Jugendlichen
genau die Reaktionen, die sie im Grunde erwartet haben.
Werden die jungen Leute mißtrauisch beäugt oder gar angemeckert, werden sie mit feindseligen Vorwürfen oder
Vorurteilen überhäuft, dann benehmen sie sich genauso
schlecht, wie sie ja sowieso schon eingeschätzt werden.
Schlägt ihnen aber offene Freundlichkeit und Zutrauen
entgegen, wachsen sie oft über sich selbst hinaus, zeigen
sich von ihrer besten Seite.

Wenn Sie jemanden schlecht machen, wird Ihr Sohn/Ihre
Tochter vielleicht aus Trotz gerade zu ihm halten. Wenn
Sie einen Umgang verbieten, treffen sie sich heimlich, und
Sie haben gar keinen Einblick mehr.

In den eigenen vier Wänden dagegen, zwischen Menschen und Dingen, die ihr teuer sind, hat Ihre Tochter bessere Kriterien, einen Menschen richtig einzuschätzen. Wenn der Typ, der auf der Wiese beim Rockkonzert so toll wirkte, über ihre Teddysammlung lacht, ihren kleinen Bruder unentwegt hänselt und Zigarettenkippen auf ihren Fußboden schmeißt, stellt sie vielleicht schnell fest, daß sie sich geirrt hat.

Tip

- Äußern Sie eigene Kritik besser erst, wenn die erste Begeisterung verflogen ist, und auch dann sehr vorsichtig. Wenn nicht eine Spur kritischen Abstands schon da ist, werden Sie mit negativen Bemerkungen nur Trotz und Widerstand hervorrufen.
- Vermeiden Sie auch unbedingt Triumph angesichts enttäuschender Erfahrungen: »Siehst du, das habe ich dir doch gleich gesagt!« Trösten Sie Ihr Kind lieber.

Auch diese Erfahrungen, mit welchen Freunden sie gut auskommen, welche zu ihnen passen und zu ihnen halten, müssen unsere Kinder selbst machen.

Nötige Grenzen muß jeder selbst finden

Manchmal idealisieren junge Leute ihre Freunde, sehen etwas in sie hinein, was denen gar nicht entspricht. Oder sie überschätzen ihre Möglichkeiten, soziale Ungerechtigkeit auszugleichen, Strauchelnde festzuhalten, gefährliche Entwicklungen zu verhindern.

Erfahrungen
mit Freunden
müssen Ihre
Kinder selbst
machen.

Da verleiht dann ein Sechzehnjähriger seine Ersparnisse an einen Kumpel, der in Schwierigkeiten ist, das Geld aber ganz bestimmt demnächst zurückzahlt. Oder er bringt ein Mädchen ins Haus, das nicht weiß, wo es schlafen soll, weil es zu Hause ausgerissen ist. Eine unglückliche Liebesgeschichte gehört meistens auch noch dazu. Die Eltern schwanken zwischen Anteilnahme und Angst vor unübersehbaren Einflüssen.

Aber ist nicht das unverbrauchte soziale Engagement der Kinder »normaler« als unsere Abgebrühtheit? Reagieren wir auf die Anteilnahme unserer Kinder deshalb oft so irritiert oder abweisend, weil ganz tief in uns etwas nagt und raunt: »So müßtest du dich eigentlich auch verhalten!«?

Sicher, jedes Engagement muß vernünftige Grenzen haben. Aber jeder Mensch muß wohl selbst erst die Notwendigkeit dieser Grenzziehung erfahren. Wahrscheinlich muß auch jeder Jugendliche erst ein paar Mal den Undank von Nutznießern eigener Anteilnahme erleben, muß selbst sein erspartes Geld oder seine mühsam erworbenen CDs verleihen und nicht wiederkriegen, bis er die Zuverlässigkeit seiner Freunde realistisch einzuschätzen lernt.

Beachten Sie

Eltern müssen aber auch akzeptieren, daß ihr Kind diese Grenzen des Zumutbaren später anders setzt, als sie das für angemessen halten.

Lieber spießig als unglücklich

Streit zwischen Eltern und Kindern entzündet sich oft auch an den unterschiedlichen Vorstellungen von Geselligkeit.

Da haben sich Eltern auf einen ruhigen Feierabend gefreut, als ihnen ihr Sohn eröffnet, gleich käme seine Clique, um sich im Wohnzimmer den letzten Boxkampf auf Video anzusehen. »Könnt Ihr denn nicht mal ins Kino gehen?«

Oder sie finden beim Heimkommen die Wohnung voller Jugendlicher, die sie nicht kennen, die ihrerseits aber über den Inhalt des Kühlschranks, die Stelle, wo das Telefon steht, vielleicht gar den Aufbewahrungsort der Schlüssel und des Bargeldes informiert sind. Äußern sie aber Mißtrauen, ernten sie wütenden, trotzigen Protest. »Wie kannst du meinen Freunden so was zutrauen?«

Eltern, die darauf bestehen, daß das Leben in ihrer Wohnung in den ruhigen Bahnen verläuft, an die sie gewöhnt sind, werden von ihren Kindern gern als »spießig« beschimpft. Das wollen sie nicht sein. Sie möchten ihren Kindern gute Kameraden sein, sich aber trotzdem in ihrer Wohnung wohl fühlen.

Jugendliche allerdings auch. Und sie haben ja meistens nur ein Zimmer.

Das heißt nun aber nicht, daß Sie es zähneknirschend hinnehmen müssen, wenn größere Horden unangemeldet Ihr Wohnzimmer belagern, die Telefonrechnung hochtreiben, Kühlschrank und Getränkekasten leeren. Auch Eltern haben ein **Recht auf ihre Privatsphäre**, in der sie bestimmen, wie es zugehen soll.

Grenzen Sie Ihre Privatsphäre ab.

- Besprechen Sie lieber vorher klare Grenzen, statt hinterher verzweifelt zu resignieren oder wütend dazwischenzufahren.
- Seien Sie, wenn es nicht anders geht, lieber spießig als unglücklich.
- Sagen Sie bei allem Verständnis klipp und klar, wo die Grenzen Ihrer Toleranzbereitschaft sind.
  Daß Sie zum Beispiel keine Partys und keine Übernachtungsgäste in Ihrer Wohnung wünschen, wenn Sie nicht anwesend sind, daß Ihre Tochter wieder einkaufen muß, wenn ihre Freunde den Kühlschrank leergefuttert haben, daß ohne Ihre Einwilligung keine Ferngespräche von Ihrem Telefon geführt werden dürfen.
- Streiten Sie sich, wenn es sein muß, rechtzeitig so lange darüber, bis Sie eine Übereinkunft erreicht haben, die von allen akzeptiert wird.

So anstrengend der Umgang mit den Freunden Ihrer Kinder auch sein mag, so sehr Sie auch manchmal wünschen, sie mögen sich doch sonstwo treffen, nur nicht immer bei Ihnen, bedenken Sie trotzdem:

Tip

> Über Freunde, die ins Haus kommen, können Sie besser mit Ihrem Kind reden. Auf Partys, die bei Ihnen stattfinden, können Sie eher ein Auge werfen.

Für Sie kann es schlimm sein, für einige Jahre ständig die Bude voller junger Leute zu haben. Für Ihr Kind wäre es viel schlimmer, wenn es überhaupt keine Freunde finden würde.

Gefährliche Freunde

Manchmal suchen Jugendliche in einer Gruppe Gleichgesinnter auch Halt und Ziel, die sie allein nicht finden. Die »Gang« ist ihnen Familienersatz, und um die Zugehörigkeit nicht zu verlieren, tun sie manchmal Dinge, die sie allein nicht täten. Daß es die anderen auch machen, betäubt das eigene Gewissen, die eigene Vorsicht.

Davon ist oft die Rede, wenn Jugendliche mit dem Gesetz in Konflikt kommen – wenn sie Kioske aufbrechen, fremde Autos für eine Spritztour benutzen oder Ausländer anpöbeln.

Beachten Sie

> Je mehr Halt ein junger Mensch in seiner Familie findet, desto eher wird er auch in solchen kritischen Situationen »Nein« sagen, sich von so einer Gruppe lösen können.

Tip

- Reagieren Sie, falls so etwas vorgefallen ist, nicht mit Härte und Strafen.
  Das nährt in Ihrem Sohn das Gefühl, nicht verstanden zu werden, nährt seinen Trotz und seine Wut, macht ihn nur anfälliger dafür, so weiterzumachen.
- Packen Sie ihn bei seinen guten Seiten.
- Geben Sie ihm viel Gelegenheit, sich geachtet und anerkannt zu fühlen.
  Dann muß er nicht so dringend Achtung und Anerkennung bei diesen falschen Freunden suchen.

Okkultismus

Auf der Suche nach einem Sinn in ihrem Leben und im Kosmos, aus Angst vor der Zukunft und in dem Bedürfnis, die Realität in den Griff zu kriegen, sucht eine steigende Zahl von Jugendlichen Antworten im **Okkultismus**. Sie beschäftigen sich in Gruppen mit Pendeln und Tischrücken, glauben an Wahrsager und zelebrieren, mit deutlichem Trotz gegen das Versagen der Kirche, schwarze Messen. Für Eltern beängstigend sind beim letzten die Begleiterscheinungen: Schwarze Kleidung, schwarze Zimmerwände, eingeritzte Unterarme (für Blutsverbrüderungen) oder nächtliche Treffen auf dem Friedhof.

Beachten Sie

Wenn Sie zu Hause eine Atmosphäre schaffen können, in der auch über Ängste, Konflikte und seelische Krisen geredet wird, ist die Gefahr nicht so groß, daß Ihr Kind solchen Praktiken mehr als eine vorübergehende Neugier entgegenbringt.

- Äußern Sie sich nie überheblich, wenn Ihr Sohn/Ihre Tochter an solche Dinge glaubt.
- Sagen Sie ihrem Kind sachlich, was Sie davon halten, aber erwarten Sie nicht, daß es gleich seine Ansichten ändert. Solche Dinge müssen sich setzen.
- Bleiben Sie, wenn möglich, im Gespräch darüber.

(Viele Informationen dazu können Sie dem Taschenbuch »Sympathie für den Teufel« von Michael Höhn entnehmen, s. Literaturverzeichnis Seite 173.)

Manchmal wird das Bedürfnis junger Leute, dazuzugehören, ein gemeinsames Ziel zu haben, auch von gefährlichen **Rattenfängern** ausgenutzt. Das mögen politische Extremisten sein oder Angehörige einer Sekte.

Ich habe im ersten Kapitel erklärt, wie schwer es heute für Jugendliche ist, so viele Jahre zwischen Baum und Borke zu leben – ohne verantwortungsvolle Aufgaben, oft ohne Ziele und Perspektiven, ohne Nahrung fürs Selbstwertgefühl. Wenn da jemand kommt, der ihnen erzählt, es gebe etwas, worauf sie stolz sein können – stolz, ein Deutscher zu sein, oder stolz, zu einem auserwählten Kreis von Menschen zu gehören –, dann ist das manchem Heranwachsenden Balsam für die Seele.

Dazu kommt noch ein leicht zu definierendes Ziel – sei es, das Vaterland zu retten oder der Durchsetzung einer großen Idee zu dienen. Das gibt jungen Menschen das so vermißte Gefühl, wichtig zu sein, gebraucht zu werden.

Als drittes wird die Sehnsucht nach enger Gemeinschaft angesprochen – mit Lagerfeuerromantik oder mit gefühlsbetonten rituellen Veranstaltungen, bei denen sich der Einzelne in der Gemeinschaft aufgehoben fühlen kann.

Beachten Sie

Je mehr junge Menschen in anderen Zusammenhängen eine Befriedigung für diese Bedürfnisse finden, je mehr sie auch Gelegenheit haben und gewöhnt sind, mit ihren Angehörigen vertrauliche Gespräche zu führen, desto weniger werden sie in Gefahr sein, solchen Rattenfängern nachzulaufen.

Trotzdem sind es meistens ganz normale Eltern, deren Kinder zum Beispiel in eine Sekte geraten sind – nicht schlechter als die anderen, und deshalb ohne Grund, sich zu schämen oder zu verstecken.

Suchen Sie fachkundige Hilfe, wenn Ihr Kind an eine Sekte geraten ist.

Wenn Sie befürchten, daß Ihr Sohn/Ihre Tochter im Okkultismus wie in einer Sucht versinkt oder in den Einflußbereich einer Sekte geraten ist, die ihm seelischen Schaden zufügt, sollten Sie sich fachkundige Hilfe suchen, z.B. bei den Sektenbeauftragten der Landesregierungen und der Kirchen.

In vielen Bundesländern gibt es auch Initiativgruppen betroffener Eltern. Ich hoffe, daß Ihr Jugendamt Ihnen helfen kann, solche Kontakte zu finden. Vielleicht gibt es auch an der Schule Ihres Kindes einen Lehrer, der sich besonders mit diesem Gebiet beschäftigt hat und Ihnen Hinweise geben kann.

Dazu bist du noch viel zu jung

Die Pubertät ist die Zeit, in der der junge Mensch geschlechtsreif wird. Die Zeit also, in der sich die **sexuellen Gefühle** auf Partner des anderen, manchmal auch des eigenen Geschlechts richten. Reif wird auch die Fähigkeit, Kinder zu zeugen oder zu bekommen.

Für die Eltern ist es oft recht schwer, diesen Entwicklungsschritt zur Kenntnis zu nehmen und verständnisvoll zu begleiten. Er macht ihnen wie kein anderer klar, daß es mit der Kindheit und dem trauten Familienleben nun bald vorbei ist.

Eltern tun sich schwer, zu akzeptieren, daß ihre Kinder sexuelle Gefühle entwickeln.

Da drängelt sich irgendwann ein fremder Mensch zwischen Sie und Ihr Kind und nimmt bald eine Position ein, die bislang nur Sie hatten. Und es ist eigentlich immer der falsche – zu jung oder zu alt, zu keß oder zu unscheinbar, zu unbedarft oder zu altklug, jedenfalls überhaupt nicht das, was Sie sich für Ihren Liebling erträumt hatten.

Besonders eifersüchtig sollen Väter auf die Verehrer ihrer Töchter reagieren. Da konnten sie sich einige Jahre in dem schönen Gefühl sonnen, für die Tochter das Leitbild an Männlichkeit, das bewunderte Vorbild für beruflichen Erfolg zu sein. Und jetzt kommt da so ein Hansel daher...

Aber ich denke, Müttern geht es mit ihren Söhnen ähnlich. Da versuchten sie dem Jungen das Leitbild einer emanzipierten, selbstbewußten Frau zu sein, und nun bringt er so ein Mäuschen an, das alles tut, was er will. Oder es knirscht, weil die junge Dame nicht die Achtung vor dem Alter zeigt, die man erwartet hatte.

Beachten Sie

Außerdem scheinen fast alle Eltern durch die erste Verliebtheit ihres Kindes überrascht zu werden, als hätten sie ganz vergessen, wie alt der oder die Kleine inzwischen ist. Was sie bei anderen noch ganz normal finden, beim eigenen ist es eigentlich immer zu früh.

Ich erinnere mich: Als ich mich das erste Mal bis über beide Ohren verliebte, spielte ich noch mit Puppen. Ich beschloß, den Angebeteten zu heiraten und gab meinen Puppen seinen Nachnamen. Ich muß ungefähr elf gewesen sein. Das ist jetzt fünfzig Jahre her. Aber ich hätte alles eher getan, als dem Angebeteten oder gar meiner Mutter etwas davon zu erzählen. Nur meine allerbeste Freundin wußte es.

Auch heute sind viele Mädchen elf, wenn sie sich das erste Mal verlieben. Aber sie reden mit dem Auserwählten darüber. Sie schwärmen den Eltern was über ihn vor und möchten mit ihm ins Kino gehen.

Alle reden vom Sex, wir auch

Eltern sind oft irritiert über die Großspurigkeit und Lässigkeit, mit der ihre Kinder über Liebe und Sexualität reden. Ob sie wohl in dem, was sie tun, genau so lässig sind?

Viele junge Leute sind heute mit zwölf, dreizehn, vierzehn Jahren so umfassend informiert und aufgeklärt, daß sie über Stellungen und Praktiken, über Zungenkuß und »Sadomaso« daherreden, als ginge es um Sport. Und viele scheinen auch zu glauben, daß es um eine Art von Leistungssport geht, in der man sich unbedingt als besonders potent erweisen muß.

Das haben sich die Jugendlichen natürlich nicht selbst ausgedacht, das schließen sie daraus, wie die Erwachsenen mit dem Thema umgehen. Auf der einen Seite wird es in vielen Familien nach wie vor als Tabu behandelt – es ist den Eltern eben oft noch viel zu früh. Dabei reden die jungen Leute meistens nur so lange so lässig daher, wie es sie nicht selbst betrifft. Geht es erst einmal um selbst Erlebtes, werden die meisten den Eltern gegenüber recht verschwiegen. Also müssen klärende Gespräche rechtzeitig geführt werden!

Führen Sie rechtzeitig ein aufklärendes Gespräch.

Das wichtigste dabei ist, daß junge Leute, insbesondere Mädchen, selbstbewußt genug werden, um sich nicht auf sexuelle Beziehungen einzulassen, die sie im Grunde gar nicht wollen – weil sie denken, sie müßten was beweisen oder sie müßten mitmachen, um den Partner nicht zu verlieren. Und das gelingt ihnen besser, wenn sie daran gewöhnt sind, auch über solche heiklen Themen offen zu sprechen.

Stärken Sie das Selbstbewußtsein Ihrer Tochter.

Beachten Sie

> Wenn zu Hause nicht über sexuelle Themen geredet wird, suchen sich die Kinder andere Informationsquellen, und die finden sie reichlich.

Keine Illustrierte, die nicht, zu welchem Thema auch immer, mit nacktem Fleisch auf dem Titel die Auflagen steigert. Kein Thema aus dem sexuellen Bereich, das nicht ausgiebig und werbewirksam in allen Medien breitgetreten wird. Vom Geschäft mit Pornofilmen und -videos gar nicht zu reden.

In der beliebtesten Jugendzeitschrift sind die Seiten mit den Leserbriefen zu sexuellen Fragen und mit entsprechenden Antworten inzwischen die größte Zugnummer. Und es sind bestimmt nicht nur dringende persönliche Probleme, die da behandelt werden.

Was sollen unsere Kinder daraus schließen? Doch nur, daß es beim Sex anscheinend um eine Angelegenheit geht, über die man unbedingt so viel wie nur möglich wissen und lernen muß, in der man unbedingt Profi und Meister werden muß, wenn man etwas gelten, wenn man ungeschmälerten Spaß haben will.

Die meisten handeln nicht so, wie sie reden

**Geschlechts-
reife**

Wie ich im ersten Kapitel erläutert habe, tritt die **Geschlechtsreife** in unserem Kulturkreis seit einem Jahrhundert von Generation zu Generation früher ein. Das allein verunsichert Eltern, läßt sie befürchten, daß ihr Kind sich in sehr frühem Alter auf sexuelle Beziehungen einlassen könnte, denen es seelisch gar nicht gewachsen ist.

Aber in ihrem eigenen Intimleben sind die meisten Jugendlichen längst nicht so frühreif und abgebrüht, wie man aus diesen Darstellungen schließen könnte. Mit schöner Regelmäßigkeit ergeben Studien über Jugendliche, daß die Mehrzahl der Befragten findet, zum Sex gehöre auch Liebe, daß die meisten über siebzehn sind, wenn sie das erste Mal mit jemandem schlafen, daß recht viele mit dem Thema Verhütung sehr reif und verantwortungsvoll umgehen.

Rücken Sie falsche Vorstellungen Ihres Kindes zurecht.

Trotzdem müssen viele Jugendliche den Eindruck haben, daß das, was sie selbst tun, nicht richtig oder nicht ausreichend ist, daß ihnen was entgeht oder von ihren Partnern vermißt wird, wenn sie nicht das nachahmen, was angeblich ihre Idole praktizieren. Deswegen ist es wichtig, daß diese schrägen Vorstellungen geradegerückt werden.

> Eltern möchten in dieser Informationsflut am liebsten da auf die Bremse treten, wo sie noch am ehesten Einfluß haben – sie möchten das Thema nicht auch noch zu Hause ausbreiten, sie werfen dem Sexualkundeunterricht in der Schule vor, der allgemeinen Sexualisierung noch mehr Vorschub zu leisten.

Aber das finde ich falsch. Wenn unsere Kinder schon, ohne daß wir es verhindern können, mit falschen Vorstellungen und obskuren Informationen über Sexualität vollgestopft werden, dann müssen Schule und Eltern versuchen, so viel wie möglich zurechtzurücken. Dann müssen insbesondere Eltern durch Gespräche Einblick in ihre eigene gelebte Sexualität geben, eben in das, was Vati und Mutti machen. Das ist dem Erleben der Kinder näher und wichtiger als der ganze lustversessene Leistungssport.

Besonders schwer ist der Umgang mit dem Thema Sexualität für Eltern, die aus einem **anderen Kulturkreis** stammen.

Sexualität in anderen Kulturkreisen

In Ihrem Herkunftsland mag es als unschicklich gelten, daß ein junges Mädchen mit Jungen zusammen schwimmen geht oder abends ohne Begleitung das Haus verläßt. Sie möchten nicht, daß Ihre Tochter sich mit einem Jungen trifft, daß sie Händchen hält oder sich küssen läßt. Es ist wahrscheinlich bei Ihnen auch nicht üblich, über das Thema zu sprechen.

Aber Ihr Kind wächst jetzt hier auf, unter den kulturellen Einflüssen, die ich geschildert habe. Es versucht hier ein Bild von sich selbst und einen Platz in der Gemeinschaft zu finden. Wahrscheinlich wird es auch hier einen Partner für die erste große Liebe finden.

Sie können und dürfen nicht erwarten, daß Ihre Tochter sich in diesem Land völlig und unbeeinflußt nach den Normen Ihres Heimatlandes richtet, wenn Sie sie nicht innerlich zerrissen und unglücklich sehen wollen. Sicher wird sie nicht alles, was bei Ihnen Tradition ist, über Bord werfen, denn auch das gehört zu ihr. Aber es wird Angleichungen und Zugeständnisse geben müssen.

Sprechen Sie viel mit den seit Generationen deutschen Freundinnen Ihrer Tochter. Sie werden feststellen, daß die zwar gerade mit dem Thema Sexualität ganz anders umgehen, daß sie aber auch ihre moralischen Prinzipien haben, die zwar anders, aber nicht schlechter sind.

Ein gutes Aufklärungsbuch kann Ihrem Kind weiterhelfen, wenn es nicht über seine Sexualität sprechen möchte.

Bei aller Aufgeklärtheit sind viele Jugendliche in der Pubertät im Umgang mit ihren eigenen sexuellen Gefühlen sehr unsicher, stehen vor vielen beunruhigenden Problemen, aus denen ihnen ein klärendes Gespräch heraushelfen könnte. Trotzdem mögen die meisten über ihre eigene Sexualität mit den Eltern nicht sprechen. Da ist es nicht verwunderlich, daß manche lieber an den Briefkastenonkel von »Bravo« schreiben oder in Büchern nachlesen. Vielleicht drücken auch Sie Ihrem Sohn lieber ein gutes Aufklärungsbuch in die Hand, wenn er auf Gesprächsangebote nicht eingeht. Gehen Sie in eine Bibliothek oder in eine große Buchhandlung. Blättern Sie selbst, lassen Sie sich beraten.

Es gibt auch gute Aufklärungsfilme für Kinder und Jugendliche, die zum Beispiel von »pro familia« vertrieben werden.

Tip

> Die Funktion der Eltern in diesen Jahren ist, sich im Hintergrund bereitzuhalten, Gespräche anzubieten, sich aber nicht aufzudrängen.

Vielleicht können Sie für Ihre Tochter einen Termin bei der Frauenärztin vereinbaren, wenn sie selbst sich nicht hintraut, oder Ihrem Sohn und seiner Freundin eine Beratungsstelle für Empfängnisverhütung empfehlen (»Pro familia« ist immer eine gute Adresse, s. Anschrift in der vorderen Innenklappe).

Onanie schadet keinem

Ein Tabu liegt oft über dem Thema Selbstbefriedigung. Niemand glaubt wohl heute mehr, daß man davon Rückenmarksschwindsucht oder sonst was Schlimmes kriegt. Aber ganz akzeptabel ist sie vielen Eltern noch immer nicht, sie wird höchstens peinlich übersehen als läßliche Sünde angesichts ungünstiger Umstände.

Aber da hilft kein Wegsehen: Bei den Jungen tun es fast alle, bei den Mädchen etwas weniger. Viele Mädchen haben nach wie vor größere Hemmungen oder ein schlechtes Gewissen.

Das war auch schon bei uns so und bei unseren Eltern und Großeltern. Dabei ist nichts dagegen einzuwenden. Wer sich auch selbst befriedigt, neigt nicht so leicht dazu, sich aus sexueller Begierde kopflos in ein zweifelhaftes Abenteuer zu stürzen.

Beachten Sie

Selbstbefriedigung ist für beide Geschlechter kein Hindernis für befriedigende sexuelle Beziehungen. Im Gegenteil. Wer sich selbst und seine sexuellen Empfindungen genau erforscht, kann auch einem Partner selbstbewußter und klarer sagen, was ihm (oder vor allem ihr) Lust bereitet und was nicht.

Das einzig Schädliche an der Onanie sind Angst und Gewissensbisse, die sie manchmal noch begleiten. Hier sind Sie als Eltern gefordert, Ihren Kindern diese Angst zu nehmen.

Neigungen zum eigenen Geschlecht?

Oft haben Jugendliche in der Pubertät ein sehr inniges freundschaftliches Verhältnis zu einem gleichgeschlechtlichen Partner.

Bei Mädchen wird das allgemein akzeptiert. Sie umarmen sich, gehen eng umschlungen, streicheln und küssen sich. Bei Jungen ist es nicht üblich, daß sie zärtliche Gefühle so offen zeigen. Trotzdem gibt es solche innigen Freundschaften auch bei ihnen. Das kann Eltern sehr irritieren. Sie fürchten, ihr Sohn sei homosexuell oder könne zur Homosexualität verführt werden.

Homosexualität

> Für die meisten bleibt das ein Durchgangsstadium, das aber für die Entwicklung ihrer Liebesfähigkeit, ihrer Fähigkeit, Zuneigung und Zärtlichkeit zu empfinden und auszudrücken, von großer Bedeutung sein kann.

Eine Verführung zur **Homosexualität** durch solche Beziehungen in der Pubertät gibt es nicht. Homosexuell ist ein Mensch von frühester Kindheit an, verursacht entweder durch hormonelle Einflüsse im Mutterleib oder in der ersten Kindheit. Ganz geklärt ist das noch nicht.

Eine »Verführung« zur Homosexualität gibt es nicht.

Aber in der Pubertät werden sich die meisten Jugendlichen über ihre eigene sexuelle Ausrichtung klar. Für viele ist das ein jahrelanger schmerzhafter Prozeß, wenn sie sich gegen die Erkenntnis wehren, homosexuell zu sein, wenn sie Angst haben, die Achtung und Wertschätzung der anderen, den Rückhalt in der Familie dadurch zu verlieren. Viele teilen auch die Vorurteile gegen »Schwule« und »Lesben« und wollen auf keinen Fall selbst so sein. Aber wenn sie es sind, können sie es auch nicht verdrängen oder diese aufs eigene Geschlecht gerichtete Begierde irgendwie loswerden. Sie müssen sich zumindest vor sich selbst offen dazu bekennen und ihrer sexuellen Ausrichtung entsprechend leben. Sonst machen sie sich selbst und ihre Partner nur unglücklich.

Beachten Sie

Homosexualität ist keine Krankheit, keine Perversion, kein irgendwie gearteter Mangel. Es ist eine normale Spielart der sexuellen Ausrichtung, die es schon immer gegeben hat. Nur ihre öffentliche Bewertung war und ist in verschiedenen Kulturen ganz unterschiedlich.

Jeder Mensch hat außerdem, in mehr oder weniger ausgeprägtem Maße, die Fähigkeit, auch vom eigenen Geschlecht sexuell erregt zu werden. Die einen verdrängen das ängstlich, weil sie auf keinen Fall »so« sein wollen, die anderen probieren es unbelastet und unvoreingenommen aus, entscheiden sich dann aber meistens für das eine oder das andere. Wer sehr stark zum eigenen oder zum fremden Geschlecht neigt, kann das nicht verändern, ohne sich selbst Gewalt anzutun.

Ich bin auf die Homosexualität so ausführlich eingegangen, weil die Angst oder auch die Gewißheit, einen »schwulen« Sohn, eine »lesbische« Tochter zu haben, viele Familien sehr stark belastet, weil ich hoffe, daß diese Klarstellungen vielleicht einiges an Leid verhindern können.

Wenn Sie vermuten oder erfahren, daß Ihr Sohn/Ihre Tochter homosexuell ist, müssen Sie sich zunächst mit Ihrer eigenen Einstellung dazu auseinandersetzen. Sie haben Ihren Sohn/Ihre Tochter doch lieb. Sollen sie unglücklich werden, weil sie nicht sein dürfen, wie sie nun einmal sind? Sie sind doch nicht schlechter, weil sie anders sind.

**Fragen Sie
sich selbst**

- Fällt Ihnen diese Sicht zu schwer?
- Sind Sie selbst in negativen Einstellungen gegenüber
  Homosexuellen gefangen?

Suchen Sie sich eine **Gesprächsgruppe**, in der Sie über dieses Problem offen reden können. Ermutigen Sie auch Ihre Tochter oder Ihren Sohn, offen über ihre Homosexualität zu reden. Versichern Sie ihnen, daß Sie sie weiterhin liebhaben und gegen Anfeindungen und Vorurteile verteidigen werden. Helfen Sie ihnen, Heimlichkeiten aufzugeben. Ermöglichen Sie es ihnen, offen so zu leben, wie es ihrer Ausrichtung entspricht.

12. KAPITEL

Die Elternrolle aufgeben können

»Ich bin die Mutter von Michael.«
»Wir sind die Eltern von Yvonne.«

Wie oft haben Sie solche Sätze in den vergangenen Jahren gebraucht – bei Lehrersprechtagen, Elternversammlungen und Gesprächen in der Nachbarschaft. Diese Rolle als Eltern eines oder mehrerer Kinder war für viele Jahre Ihres Lebens sicher eine sehr wichtige.

Aber es ist absehbar, daß das in einigen Jahren nicht mehr so sein wird. Ihre Kinder werden ausziehen und ihr eigenes Leben führen. Auch wenn Sie weiterhin oft zusammenkommen, werden Sie die Verantwortung für das, was aus ihnen wird, an sie abgeben. Das muß so sein. Herangewachsene Kinder müssen sich ohne Angst und ohne Schuldgefühle von ihren Eltern losmachen und ihren eigenen Weg gehen können.

Entlassen Sie Ihre Kinder in die Eigenverantwortung.

Im Grunde ist die ganze Erziehung **ein Prozeß des langsamen Loslassens.** Wenn Ihr Kind in die Pubertät gekommen ist – mit dreizehn, vierzehn, fünfzehn – befinden Sie sich in der letzten, vielleicht der turbulentesten, aber nicht der entscheidenden Phase dieses Prozesses. Was Sie Ihrem Kind mitgeben wollten, das hat es in den zurückliegenden Jahren längst mitgenommen. Großartige Erziehungsarbeit können und müssen Sie jetzt nicht mehr lei-

157

sten. Die Leine, an der Sie es noch halten, muß schon sehr lang sein. Vieles entscheidet Ihr Kind schon selbst, immer mehr geschieht, ohne daß Sie davon erfahren. Sie müssen sich auch damit abfinden, daß einiges sich anders entwickelt, als Sie das erwartet und erhofft hatten.

Sie werden aus Erziehenden mehr und mehr zu Beratern und, wenn Sie Glück haben, zu Freunden Ihres Kindes.

Für Sie, deren Kind erst elf oder zwölf ist, ist es bis zum völligen Loslassen noch ein Weilchen hin. Es dauert noch einige Jahre, bis Ihre Tochter/Ihr Sohn ganz selbständig leben wird. Trotzdem, manches muß rechtzeitig bedacht und vorbereitet werden.

Wie reagieren Mütter?

Müttern fällt das Loslassen oft schwerer als Vätern. (Deshalb spreche ich in diesem Kapitel auch vorwiegend die Mütter an.)

Viele haben Beruf und außerhäusliche Aktivitäten den Kindern zuliebe aufgegeben oder stark eingeschränkt. Andere haben sich mit einem wenig attraktiven »Nebenjob« zufriedengegeben. Die Betreuung der Familie stand im Mittelpunkt.

Eine gute Hausfrau und Mutter zu sein, ist für diese Mütter die wesentliche Quelle ihres Selbstwertgefühls. Nette Kinder zu haben, gut in der Schule, freundlich zu den Nachbarn, adrett anzusehen, das empfindet auch die Mutter als Erfolg, als Belohnung für ihre langjährigen Bemühungen. So manchen Wunsch, so manchen eigenen Traum, den sie selbst aufgab, hofft sie nun doch noch für ihre Kinder verwirklicht zu sehen. Die sollen es einmal besser haben.

Machen die Kinder Anstalten, fortzugehen, bedeutet das einen erheblichen Einbruch im Lebenslauf der Mutter.

Sind die Kinder fort, fühlt sich die Mutter oft ausgebrannt.

Sie kommt sich leicht vor wie eine ausgebrannte Trägerrakete, die ihre Schuldigkeit getan hat und jetzt funktionslos zur Erde zurückfällt, während die Kinder, die sie »angeschoben« hat, weiter emporsteigen.

Für die meisten **Väter** dagegen geht das Leben in dieser Zeit nahezu bruchlos weiter. Sie finden ihre Bestätigung mehr im Beruf, und da spielt das Fortgehen der Kinder kaum eine Rolle. Es ist höchstens eine Entlastung, daß sie niemanden mehr spät abends von einer Party abholen, keine entnervenden Konfliktgespräche zu nachtschlafender Zeit mehr führen müssen.

Wie reagieren Väter?

- Was empfinden Sie bei dem Gedanken, daß Ihr Sohn/Ihre Tochter in absehbarer Zeit fortgehen wird?
- Haben Sie Angst, daß eine große Leere und Ratlosigkeit zurückbleiben wird?
- Oder freuen Sie sich, wieder mehr Zeit für sich, für eigene Interessen und berufliche Pläne zu haben?
- Warum ist es Ihnen so wichtig, daß Ihre Kinder respektierlich aussehen, gute Schulleistungen haben, einen ehrenwerten Beruf erlernen, eine einträgliche Stellung finden?
- Sind Sie nur auf deren Wohlergehen bedacht?
- Wie weit hängt auch Ihr Selbstwertgefühl davon ab, was aus Ihren Kindern wird?
- Was erwarten Sie vom weiteren Leben?
- Was erhoffen Sie für sich, was für Ihre Kinder?
- Konzentrieren sich Ihre Wünsche und Hoffnungen auf die Kinder?
- Sollen sie stellvertretend erreichen, was Ihnen zu erreichen nicht möglich war?
- Wenn sie aber in eine ganz andere Richtung wollen, wenn ihre Träume gar nicht die gleichen sind – was wird dann aus Ihnen?

Fragen Sie sich selbst

Eigenen Interessen nachgehen

Wenn Ihr ganzes Selbstwertgefühl am weiteren Schicksal der Kinder hängt, sind Sie den Enttäuschungen, die nicht ausbleiben können, viel hilfloser ausgesetzt.

Sie werden viel eher unter einem Mangel an Dankbarkeit leiden. Sie haben sich so um die Kinder bemüht, auf so vieles ihnen zuliebe verzichtet, und nun das!

**Fragen Sie
sich selbst**

- Müssen Sie noch auf so vieles verzichten?
- Können Sie nicht mehr für sich tun?

Es wird Ihnen wesentlich leichter fallen, Ihre Kinder ziehen zu lassen, wenn Sie noch andere Aufgaben oder andere Interessen haben, die Sie ausfüllen. Die häufigen Streitigkeiten und Ärgernisse dieser Jahre sind auch leichter zu ertragen, wenn Sie neben dem Familienknatsch noch andere Betätigungsfelder haben, wo Sie Freude, Erfolg und Anerkennung finden.

Tun Sie sich
selbst auch mal
etwas Gutes.

Wenn Sie mal recht verzagt sind, weil anscheinend alles gegen den Baum läuft, weil das junge Volk sich selbstherrlich und rücksichtslos aufführt – tun Sie sich etwas Gutes an, etwas, das Ihnen Auftrieb gibt. Fahren Sie wo hin, wo Sie schon lange mal hinfahren wollten, gründen Sie mit Freundinnen und Kolleginnen einen Frauenstammtisch, abonnieren Sie eine Zeitschrift ganz für sich allein.

**Fragen Sie
sich selbst**

- Haben Sie Ihre Berufstätigkeit der Kinder wegen stark eingeschränkt oder ganz aufgegeben?
- Würden Sie auch gern öfters ausgehen, haben aber ein schlechtes Gewissen, wenn Ihr Sohn über unregelmäßige Mahlzeiten oder nicht gewaschene Hosen mault?
- Wer wäscht denn Ihre Unterwäsche?
- Wer sagt, daß Jungen keine Waschmaschine bedienen können?

Heranwachsende Kinder müssen lernen, daß in einem Zusammenleben von Erwachsenen und fast Erwachsenen die Verpflichtungen für das Gemeinsame einigermaßen gerecht verteilt werden müssen. Jeder muß auch mal dem anderen zuliebe Unannehmlichkeiten in Kauf nehmen.

Muten Sie Ihren Kindern zu, einen Teil der Haushaltsaufgaben zu übernehmen, damit Sie mehr fortgehen und sich anderen Dingen widmen können.

Es bekommt weder Ihnen noch den Kindern, wenn Sie sich zähneknirschend für Dienstleistungen einspannen lassen, die auch ein anderer übernehmen kann.

Die durchschnittliche Lebenserwartung beträgt heute circa 75 Jahre. Sie haben also Ihr halbes Leben noch vor sich. Sie sollten es für sich befriedigend gestalten und spätestens jetzt damit anfangen. Wenn Ihr letztes Kind aus dem Haus ist, sind Sie vielleicht zehn Jahre älter. Es wird dann schon wesentlich schwieriger sein, neue Betätigungsfelder zu finden, in denen Sie Bestätigung für Ihre Fähigkeiten finden können.

Tip

> Auch mit vierzig können Sie noch studieren oder zur Volkshochschule gehen, eine Berufsausbildung oder eine Umschulung machen.

Es ist nicht wahr, daß alte Köpfe schlechter lernen als junge. Wer in reiferem Alter etwas anfängt, was ihm lange nicht möglich war, der ist meistens mit viel mehr Ernsthaftigkeit und Engagement dabei als junge Leute, die selbst noch nicht recht wissen, wohin sie eigentlich wollen. Das gleicht ein möglicherweise etwas langsameres Lerntempo leicht aus.

In unseren schnellebigen Zeiten muß jeder Mensch bereit sein, sein ganzes Leben lang immer wieder Neues zu lernen. Und das kann er auch! Oder hätten Sie vor wenigen Jahren gedacht, daß Sie noch lernen, Ihre Briefe mit dem PC zu schreiben?

Falls Sie das noch nicht probiert haben – es ist ganz einfach und macht auch noch Spaß. Lassen Sie sich von Ihren Kindern mal zeigen, wie man mit so einem Ding umgeht.

PC-Kenntnisse werden Sie in vielen Berufen brauchen, wenn Sie noch einmal Fuß fassen wollen. Aber vielleicht liegen Ihre Interessen und Stärken ja auch ganz woanders.

Lassen Sie sich nicht irremachen von Lehrern oder Nachbarn, die bei irgendwelchen Fehltritten Ihres Kindes gleich wissen, das liege daran, daß die Mutter **berufstätig** oder so oft nicht zu Hause ist. Es gibt keinen Beweis dafür, daß die Kinder berufstätiger Mütter mehr Probleme machen als die, deren Mütter meistens zu Hause sind.

Beachten Sie

> Nicht die Länge der Zeit, die man mit seinen Kindern verbringt, ist entscheidend für den Einfluß, den man auf ihre Entwicklung nehmen kann, sondern die Art, wie man in der zur Verfügung stehenden Zeit – und sei sie auch kurz – mit ihnen umgeht.

Kinder berufstätiger Mütter sind häufig selbständiger.

Kinder berufstätiger Mütter sind oft eigenständiger und selbstbewußter als Kinder, deren Mütter den ganzen Tag zu Hause sind. Kinder sind auch stolz darauf, wenn ihre Mütter interessante Dinge tun und Erfolg haben. Mütter mit einem breiten Betätigungsfeld – und das muß ja nicht unbedingt berufliche Tätigkeit sein – sind ihren heranwachsenden Kindern interessantere und selbstbewußtere Gesprächspartner.

Ich weiß freilich, wie die Lage auf dem Arbeitsmarkt ist und daß Mütter immer die ersten sind, die gehen dürfen, wenn die Fleischtöpfe knapper werden. Auch werden sie als Ältere oft gar nicht mehr eingestellt, wenn genügend Junge wartend auf der Matte stehen. Aufgaben, wo sie gebraucht werden, gibt es allerdings genug, nur ist oft kein Geld für eine Bezahlung da. Es fällt mir zwar schwer, Sie als Ersatz für nicht erreichbare berufliche Tätigkeit auf den ehrenamtlichen Bereich zu verweisen, denn auch eine anständige Bezahlung für anständige Arbeit ist eine wichtige Quelle des Selbstwertgefühls. Aber besser, Sie tun etwas unentgeltlich, als daß Sie resignierend zu Hause sitzen oder Probleme damit haben, Ihre Kinder loszulassen.

Jedes Lebensalter ist ein gutes Alter

Jugendliche im Haus zu haben, viel mit ihnen zu reden, zu feiern, zu unternehmen, das hält auch Eltern in Schwung.

- Fällt es Ihnen schwer, die Kinder loszulassen, weil Sie fürchten, mit deren Weggang finge für Sie das Alter an?
- Fühlen Sie sich nur so lange jung, wie Sie mit den jungen Leuten zu Discomusik tanzen, im Fitness-Studio mithalten, Miniröcke oder hautenge Jeans tragen können?
- Und wenn nicht?

Fragen Sie sich selbst

Sie müssen nicht durch Kleidung und Auftreten ständig beweisen, wie jung Sie noch sind. Wenn Sie sich in dem Kostüm gefallen, das Ihre Tochter »abartig« findet, lassen Sie ihr das Flatterkleidchen, tragen Sie das Kostüm! Sicher können Sie zu einer Schulveranstaltung Ihrer Tochter zuliebe etwas anziehen, was deren Geschmack näherkommt, wie sie vielleicht bereit ist, zum Verwandtenbesuch in ein paar Jeans ohne Löcher und Fransen zu steigen. Ansonsten sollten Sie sich nach Ihrem Geschmack richten, wie Sie der Tochter ihren eigenen lassen. Es ist Ihr Stil! Sie sind nicht fünfzehn, sondern fünfunddreißig, vierzig, fünfundvierzig. Auch das ist ein gutes Alter.

Es ist unnötig, jünger erscheinen zu wollen, als man ist. Ältersein ist nicht nur ein Mangel an Jugend, sondern ein ständiger Zuwachs an Reife, Erfahrung und Weisheit. Wie gut Ihr Alter für Sie ist, hängt davon ab, was Sie daraus machen. Bilden Sie sich nicht ein, auf dem absteigenden Ast zu sein. Wenn Sie es wollen, geht es weiter aufwärts.

Kein »Hotel Mama«

Heutzutage fällt es Jugendlichen zunehmend schwerer, sich vom Elternhaus zu lösen.

In den letzten Jahren sind es immer häufiger nicht die Eltern, die sich nicht trennen können, sondern die Kinder, die sich nicht lösen wollen. Erschwingliche Wohnungen sind immer schwerer zu finden, zu Hause haben sie alles, was sie brauchen. Hier haben sie viele Freiheiten, ein eigenes Zimmer, in dem sie auch ihr Liebesleben ungestört führen können, außerdem regelmäßiges Essen, frische Wäsche und bei Bedarf »einen Schrank zum Vollquatschen«. Und so nutzen sie das »Hotel Mama« noch weit in die Zeit hinein, in der sie gut und gerne allein zurechtkommen könnten.

Für Eltern, insbesondere für Mütter, ist das eine zweischneidige Sache. Zum einen sind viele froh, daß sie noch ein Auge auf das Jungvolk werfen können, andererseits stöhnen sie unter den Dienstleistungen, die ihnen da weiterhin abverlangt werden. Aber viele, besonders die, die nicht berufstätig sind, unterwerfen sich dem weiter, den Kindern zuliebe.

Tip

Wenn Sie Ihre Kinder zu sehr verwöhnen, machen Sie sie bequem und überheblich. Sie finden es dann wahrscheinlich normal, bedient zu werden. Damit schaden Sie sich, Ihren Kindern und auch denen, die später mit ihnen umgehen sollen.

In manchen Familien wird das Zusammenleben mit den Jugendlichen, die sechzehn, siebzehn, achtzehn geworden sind, für Eltern und Kinder unerträglich. Die Eltern leiden unter Rücksichtslosigkeit, Aggressivität und überzogenen Ansprüchen der Kinder, die wiederum klagen über Verständnislosigkeit und verhärtete Ansichten, über ständige Einmischung oder Aggressivität der Eltern. Beide schaukeln sich gegenseitig hoch, beide sind letztlich unzufrieden und unglücklich.

Eltern müssen sich nicht verpflichtet fühlen, ihre (fast) flügge gewordenen Kinder unter solchen Bedingungen weiter bei sich zu ertragen. Sie tun ihnen nicht einmal einen Gefallen damit.

Es ist kein Zeichen mangelnder Liebe oder Fürsorge, wenn Eltern unter diesen Bedingungen darauf dringen, daß der Sohn/die Tochter auszieht. Oft bessert sich nach einer Trennung das Verhältnis schlagartig, weil jeder mehr nach eigenen Vorstellungen leben kann und aus der Distanz eher erkennt, was er am anderen hat.

Nach einer Trennung bessert sich das Verhältnis zu Ihren Kindern oft schlagartig.

Nun möchte man Sechzehn- oder Siebzehnjährige vielleicht noch nicht in die völlige Eigenverantwortlichkeit entlassen, zumal sie ja auch noch nicht volljährig sind. Aber es gibt **Zwischenlösungen**. So ein junger Mensch kann zu einem Verwandten ziehen, zum getrennt lebenden Elternteil, in eine Wohngemeinschaft zu Bekannten oder in eine betreute Wohngemeinschaft, die das Jugendamt vermittelt hat.

Wenn Sie eine solche Entscheidung rechtzeitig treffen, noch ehe die Fronten völlig verhärtet sind, noch bevor Sie sich gegenseitig allzu tiefe Wunden geschlagen haben, können Sie das hoffentlich im Einvernehmen regeln, und der Weg zur Aussöhnung ist nicht so schrecklich weit.

Die Partnerschaft neu beleben

Die Zeit, da die Kinder immer selbständiger werden, immer seltener zu Hause sind, sich anschicken, ganz aus dem Haus zu gehen, ist auch für das Verhältnis vieler Eltern zueinander eine Zeit der Neubesinnung und Neuorientierung. Die Kinder kommen nicht mehr mit in den Urlaub, fürs Wochenende haben sie ihre eigenen Pläne, Mahlzeiten und Urlaubstermine müssen sich nicht mehr nach den Schulzeiten richten, eines Tages steht das Kinderzimmer wieder anderweitig zur Verfügung. Und dann?

Freuen Sie sich darauf, daß Sie endlich wieder häufiger zu zweit reisen, Ihr gemeinsames Leben so einrichten können, wie es Ihnen am besten gefällt, ohne ständig an die Kinder zu denken?

Unternehmen Sie öfter mal was allein mit Ihrem Partner/ Ihrer Partnerin.

Auch wenn das für Sie noch ein Weilchen hin ist, weil Ihr Kind noch jünger ist, weil noch kleinere Geschwister da sind – suchen Sie immer nach Gelegenheiten, auch mal allein mit dem Partner was zu unternehmen, eigenen Interessen nachzugehen, gemeinsame Freundschaften und Hobbys zu pflegen. Lassen Sie nicht zu, daß Zoff um die Kinder Sie einander entfremdet. Sie sind nicht nur Mutti und Vati, Sie sind auch Robert und Lotte, Bärchen und Kalle oder wie immer Sie heißen mögen oder sich genannt haben, als Sie noch frisch verliebt waren.

Ordnen Sie Ihre Beziehung neu.

Manchmal haben Kinder eine ganz bestimmte Funktion im Familiengefüge. Sie sind Verbündete in Streitigkeiten, Sündenböcke, Tröster, Schlichter, Ablenker, Sorgenkinder oder Hoffnungsträger. Gehen sie weg, ist das, als würde aus einem einigermaßen standfesten Haus ein Stützpfeiler herausgezogen. Das Verhältnis der Eltern zueinander wackelt bedenklich, und beide müssen sich bemühen, es unter neuen Bedingungen neu zu ordnen und zu befestigen. Das kann noch einmal eine ganz andere, schöne Beziehung werden, sie kann darüber auch in die Brüche gehen.

Professionelle Hilfe

Sie können sich bei der Bewältigung solcher Krisen helfen lassen. Freie Träger wie Arbeiterwohlfahrt, Caritas, Diakonisches Werk u.a. bieten in größeren Orten auch Ehe- und Familienberatungsstellen an. Dort redet man Ihnen nicht etwa ins Gewissen, sondern hilft Ihnen, miteinander so zu reden, daß einer den anderen besser versteht, daß jeder einen Gewinn davon hat.

Oder wurde Ihre Ehe/Partnerschaft nur noch durch die gemeinsame Sorge für die Kinder zusammengehalten und erweist sich jetzt immer mehr als hohl und enttäuschend? Dann haben Sie den Mut, eine solche Beziehung zu beenden, vielleicht noch einmal ganz von vorn anzufangen.

Alleinerziehenden Müttern fällt es manchmal besonders schwer, ihre Kinder davonziehen zu lassen. Oft haben sie des Sohnes/der Tochter wegen jahrelang darauf verzichtet, mit einem Partner fest zusammenzuleben. Sie sind gezwungen, ihre Kinder schon in recht jungen Jahren als verständige Partner zu behandeln, die so manches eigenverantwortlich erledigen, was die Mutter allein nicht schaffen kann. Das macht die Beziehung zwischen ihnen besonders eng.

In so eine Beziehung einen neuen Partner einzuführen, bringt oft heftige Eifersucht und Auseinandersetzungen mit sich. Gerade in der Pubertät.

Trotzdem sind solche Kämpfe vielleicht für Jugendliche leichter zu ertragen als später bei der Ablösung das dauernde Gefühl: »Ich kann doch meine Mutter nicht allein lassen. Sie hat doch nur mich!«

Auch Kinder lösen sich leichter, wenn sie ihre Eltern emotional »gut versorgt« wissen.

Ein Partner der Mutter muß für Kinder in der Pubertät ja auch nicht mehr unbedingt Vater werden. Er tut gut daran, wenn er die seit Jahren eingespielten Kreise der Kinder nicht stört, sich als Vertrauter anbietet, aber nicht aufdrängt. Er sollte nicht versuchen, seine Sicht von Ordnung durchzusetzen. Die Ordnung der Kinder war bisher eine andere, und auch mit der wären sie erwachsen geworden.

Ein neuer Partner für die Mutter sollte sich als Vertrauter anbieten, aber den Kindern nicht aufdrängen.

Tip

> Wie immer Ihre Partnerbeziehungen aussehen mögen, ob Sie die beschriebenen oder noch andere oder überhaupt keine Probleme damit haben: Die Beziehung zu Ihrem Partner, Ihrer Partnerin sollte der zu den Kindern jetzt vorgehen. Die zu den Kindern ist zeitlich begrenzt, die zum Partner nicht.

Wie Sie das neue Leben ohne Kinder, diese zweite Hälfte Ihres Lebens, vorbereiten und gestalten, hängt jetzt wieder ganz von Ihnen ab. Die Kinder kommen bald ohne Sie aus. Geben Sie sich nicht mit deprimierender Leere zufrieden.

Nicht die »kluge Else« spielen

Sich im Umgang mit den Kindern immer mehr zurückzunehmen, ist oft nicht leicht, wenn deren »Selbstfindung« Kapriolen schlägt. Können Sie sich nicht vorstellen, wie Ihr Kind ohne Sie zurecht kommen will?

Eltern sehen den weiteren Lebensweg ihrer heranwachsenden Kinder meistens voller Gefahren. Drogen, Sekten, Gewalt, gefährliche Freunde, liederlicher Lebensstil, Arbeitslosigkeit und sozialer Absturz – ständig fürchten sie irgendwelche Bedrohungen und möchten ihre Kinder doch so gern davor bewahren.

Beachten Sie

> Aber nichts, gar nichts bessert sich dadurch, daß Sie sich ständig Sorgen machen, ständig warnen, drohen, bremsen.

Sie verhalten sich dann wie die »kluge Else« in dem Märchen der Brüder Grimm. Die findet eines Tages, als sie im

Keller Bier zapfen soll, über sich in der Mauer eine Hacke stecken, die Handwerker da vergessen haben. Aller Mut verläßt sie, als sie sich ausmalt, das Kind, das sie einmal haben werde, könne genau in dem Moment, in dem es gerade mal dort säße, um Bier zu zapfen, von der herabfallenden Hacke erschlagen werden. Sie sitzt da und heult und jammert. Und ihre ganze Familie, die einer nach dem anderen nach ihr sehen kommt, läßt sich von ihren Visionen anstecken und heult mit. Wenn doch einer auf die Idee käme, die Hacke einfach herunterzuholen!

Denken Sie an die »kluge Else«, wenn Sie mal wieder düstere Visionen für das Schicksal Ihres Kindes haben. Man kann solche Entwicklungen auch herbeireden. Wenn Sie immer nur Böses wittern, können Sie Ihrem Sohn/Ihrer Tochter den Mut nehmen.

Tip

- Auch wenn Sie die Hacke nicht mehr selbst herunterholen können, vertrauen Sie darauf, daß Ihr Kind das tun oder eine andere Lösung finden wird.
- Vergessen Sie über dem, was Ihnen in Bezug auf das Verhalten Ihres Kindes Sorgen macht, nicht die Stärken, die guten Seiten, die Ihr Kind zweifellos hat. Jeder hat sie.
- Zeigen Sie Ihren Kindern, daß Sie ihnen etwas zutrauen, daß Sie sich über ihre Erfolge freuen und stolz auf sie sind.

Wenn ein junger Mensch erlebt, daß seine Eltern an ihn glauben, wird es ihm leichter, auch an sich selbst zu glauben. Wenn er sich vom Vertrauen seiner Eltern getragen fühlt, ist das wie ein weiches Polster, das ihm beim Vorwärtsstolpern über so manches Loch, in das er fallen könnte, hinweghilft. Im Bösen wie im Guten wirkt das wie eine Prophezeiung, die sich selbst erfüllt.

Ich möchte mich von Ihnen verabschieden mit einem Text des libanesischen Schriftstellers Khalil Gibran:

———>●<‹———

»*Eure Kinder sind nicht eure Kinder.*
Sie sind Söhne und Töchter der Sehnsucht des Lebens nach sich selbst.
Sie kommen durch euch, aber nicht von euch.
Und wiewohl sie bei euch sind, gehören sie doch nicht euch.
Ihr dürft ihnen eure Liebe geben, nicht aber eure Gedanken.
Denn sie haben ihre eigenen Gedanken.
Ihr dürft ihren Leib empfangen, nicht aber ihre Seele.
Denn ihre Seele wohnt im Haus von morgen, das ihr nicht
zu betreten vermögt, nicht einmal in euren Träumen.
Ihr dürft danach streben, ihnen gleich zu werden,
doch trachtet nicht danach, sie euch gleich zu machen.
Denn das Leben läuft nicht rückwärts, noch verweilet es beim Gestern.
Ihr seid die Bogen, von denen eure Kinder
als lebende Pfeile entsandt werden.
Der Schütze kennt das Ziel auf dem Pfade der Unendlichkeit,
und er biegt euch mit seiner Macht, auf daß seine Pfeile
schnell und weit fliegen.
Möge euch das Biegen durch des Schützen Hand zur Freude gereichen.
Denn so wie er den fliegenden Pfeil liebt,
so liebt er auch den Bogen, der standhaft bleibt.«

———>●<‹———

Literatur

Arlt, Marianne: Pubertät ist, wenn die Eltern schwierig werden. Tagebuch einer betroffenen Mutter.
Herder, Freiburg 1995

Arlt, Marianne: Welt, ich komme! Der Pubertät 2. Teil.
Herder, Freiburg 1995

Bach, George R./Wyden, Peter: Streiten verbindet.
Fischer, Frankfurt am Main 1995

Dobrick, Barbara: Abschied von den Kindern.
Piper, München 1994

Fenwick, Elizabeth/Smith, Tony: Pubertät. Ein Survival Guide für Eltern und Jugendliche.
Otto Maier Verlag, Ravensburg 1995

Gordon, Thomas: Familienkonferenz.
Heyne, München 1989

Gordon, Thomas: Familienkonferenz in der Praxis.
Heyne, München 1989

Grabrucker, Marianne: »Typisch Mädchen...«
Fischer, Frankfurt am Main 1994

Höhn, Michael: Sympathie für den Teufel. Kritischer Ratgeber Okkultismus.
Papyrossa Verlag, Köln 1996

Petermann, Ulrike: Kinder und Jugendliche besser verstehen.
Gustav Lübbe Verlag, Bergisch Gladbach 1994

Preuschoff, Gisela: Von 12 bis 16.
Papyrossa Verlag, Köln 1995

Salomé, Jacques: Ich sage, was ich meine. Lebendige Kommunikation in der Familie.
Otto Maier Verlag, Ravensburg 1994

Schnack, Dieter/Neutzling, Rainer: Kleine Helden in Not. Jungen auf der Suche nach Männlichkeit.
Rowohlt, Reinbek 1990

Schulz von Thun, Friedemann: Miteinander reden. Allgemeine Psychologie der Kommunikation.
Rowohlt, Reinbek 1981

Sachregister